U0932090

香港神學院
當代教會課題研討

當信徒遇上苦難

蘇遠泰、趙崇明 合編

基道出版社

▼

香港神學院．當代教會課題研討

當信徒遇上苦難

When Bad Things Happen to God's People

合編
蘇遠泰、趙崇明

執行編輯
羅慧琪

裝幀設計
莫可雅

■

聯合出版

香港神學院
香港九龍塘
金巴倫道17號
BIBLE SEMINARY OF HONG KONG
17 Cumberland Road,
Kowloon Tong, Hong Kong
電話：(852) 2336-0088 傳真：(852) 2338-9908
網址：http://www.bshk.edu.hk

基道出版社
香港沙田火炭坳背灣街26號
富騰工業中心1011室
LOGOS PUBLISHERS
Unit 1011, Fo Tan Ind. Centre, 26 Au Pui Wan St.,
Shatin, Hong Kong
電話：(852) 2687-0331 傳真：(852) 2687-0281
網址：http://www.logos.com.hk

發行
基道出版社

承印
海洋印務有限公司

●

3/2006 初版
Cat. No. LP908
ISBN-10: 962-457-304-2
ISBN-13: 978-962-457-304-6

刷次	11	10	9	8	7	6	5	4	3	2
年份	2020	2019	2018	2017	2016	2015	2014	2013	2012	2011

目錄

導言

蘇遠泰

究竟談論苦難是否一個「老掉牙」的問題呢？

如果從悠久的歷史角度看，苦難的的確確是一個「老掉牙」的問題。人類自古以來就有苦難相隨，不論東西方的大哲、聖人、菩薩均大費周章來處理苦難的意義，例如：從基督宗教神哲學的角度論説在充滿苦難的世界裏，如何證明上帝仍是公義、慈愛和全能的神義論(theodicy)；從因果關係追溯苦難的源頭，從而了悟如何終止苦難、虛妄人生的佛教四聖諦主張；從生活的角度指出苦難是上天操練世人道德心性的工具，從而帶出苦難的實踐意義，這正是中國儒家的成德工夫。

但假如從實存(existential)的角度看，苦難並不真的是那麼「老掉牙」，它卻是那麼真實、那麼「埋身」、那麼赤裸地與我們相伴。對不少沒有經歷甚麼大苦難的香港基督徒來說，看見南亞地震、海嘯等自然災難，又聽聞一名年僅十六歲的男學生，為了追求女同學而慘遭另一名男同學殺害；再回想二次大戰六百萬猶太人被納粹德國無辜殺害，中國十年文革的悲慘浩劫，一九八九年六四青年學子慘遭自己國家的軍隊殺害、捉拿——凡此種種均教我們知道苦難問題不是離我們老遠的抽象玄思性討論，而是有血有肉的掙扎。

辛棄疾有一首出名的詞〈醜奴兒〉，內中有說：

> 少年不識愁滋味，愛上層樓，愛上層樓，為賦新詞強說愁。
>
> 而今識盡愁滋味，欲說還休，欲說還休，卻道天涼好個秋！

說沒有愁煩，可能只反映少年人的天真！當我們認真面對人生的喜怒哀樂、悲歡離合時，誰能不深深體會那份「識盡愁滋味」的悲愴感情呢？正因苦難乃是人生的常態，我們便不能以為它是「老掉牙」的問題。不！它不單不「老掉牙」，還對不少基督徒提出信仰上的挑戰呢！

在二○○四年底南亞的地震、海嘯災難後，大大小小有關苦難的講座應運而生。出席人數頗高，反映「如何面對苦難的挑戰」等問題，仍像歷世歷代般，繼續有它的市場，信徒仍是趨之若鶩。

如果基督宗教的神學就是以聖經、傳統、理性、經驗回應當前信徒面對的人生大大小小的課題，作出以福音信仰為原則的反省與整合，則面對苦難的必然性和持久性的特質，我們一羣神學工作者是責無旁貸地嘗試去「造神學」，造苦難的神學，嘗試按我們的專長來為苦難作神學的反省。希望我們微少的努力和獻上，能為當下香港（當然更希望包括全世界）的基督徒提供多一點信仰上的思想，好讓信徒能在苦難的世代自處，找到安身立命的信仰資源。

本書的出現亦正是為了完成以上的心願。

二〇〇五年四月十五日，香港神學院舉辦了一次題為「還苦難一個答案？——苦難神學的反思」的大型公開講座，出席者超過一千人。我們不是為了「人有我有」、「搶市場」，這些都是世人的心態；我們盼望的是真的能服事香港的教會，與信徒一起成長，在信徒關心的課題上，在苦難的問題上，提出一些神學上的反思。在是次的講座中，我們收到的問題紙超過六十份，大多數問題都是信徒十分關心的，相當有意思（有sense），又是不容易回答的。[1]

香港神學院又在二〇〇五年秋季課程中，加進了「當代教會課題研討（二）——苦難神學」一科，一連六堂由不同講師按其專長，講論苦難的真相、意義，及信徒面對苦難時應有的態度。本書主要的內容，就是由此課程的講者所撰寫。

現在應該是介紹本書內容的時候。

本書的作者全是香港神學院的專任講師，包括教授聖經、神學與歷史及教牧科目的，因此，本書的內容亦包含從以上的範疇看苦難的實況。

本書分三部分，每部分各有三篇文章：

一 聖經篇

三篇文章分別從新舊約聖經的角度，剖析苦難的真相；它們大多擺脱回答「為何」（why）有苦難存在的問題，而集中思考基督徒應「如何」（how）面對苦難的世界，如何在苦難中見證信仰的真實。

第一篇文章是張祥志老師的〈從「五經」及「智慧文學」看苦難的問題〉。張老師以其專長——文學釋經的方法，帶領讀者細心閱讀舊約的五經和智慧文學(包括箴言、傳道書、約伯記)，指出從舊約聖經的內容看，苦難的意義是多元豐富的，既可以表明上帝的賞善罰惡原則，又可能是上帝對信徒生命的操練，亦可能為叫世人知道人生的限制，更可以是基於不為人所能了解的奧祕，不一而足。文章期盼讀者能從不同的角度認識上帝、人、自己和世界，從而當面對苦難時，生命更有韌力。

蔡定邦博士所寫的第二篇文章〈從以賽亞書僕人之歌反思苦難的問題〉，先對神義學式回答苦難問題提出質疑，亦不贊同約伯記可以為苦難問題提供完全的答案(這與張祥志老師所說的異曲同工)。反之，蔡老師所查考的經文是先知書，他是從以賽亞書內揀選其中兩首「僕人之歌」來分析，指出作為上主僕人的素質，並不是要求免除苦難，卻是在苦難的世間仍忠心地作上主的代言人，宣告從上主而來的審判之言。落在今天的基督徒身上，就是願意在苦難的世界為主作見證，忠心於主的福音所託付的使命。

邵樟平老師精研的是新約的啟示錄，他的文章〈從啟示錄看苦難與殉道人生〉開宗明言，在南亞海嘯中不少人欲從啟示錄中尋到末世必發生的事，尤其想知道哪個將被提而脫離災難。邵老師認為如此對啟示錄的理解是可悲和可笑的；反之，文章從歷史的角度指出在啟示錄時代信徒所遭遇的迫害，苦難是作為基督徒的常態，甚至以殉道來見證信仰的真實亦屬常事。啟示錄不是一本「預言」的書，教信徒如何趨吉避凶；反之，它卻鼓勵信徒勇敢地面對苦難，活出得勝的人生。

二 文化及神學篇

拙文〈苦難與超越：中國文化超越苦難的智慧〉，嘗試向構成中國文化元素之一的佛學內中超越苦難的智慧借鏡。文章先肯定苦難的遍在性，是人類不可能逃避的遭遇，基督徒亦不能倖免。而大乘佛學提倡事物無自性，應用在苦難的問題上，表示苦難亦無自性，即苦難的存在並沒有必然的基礎，因而苦難是可以克勝和超越的。繼而以中國天台宗佛學的「相即」觀念，指出從世間現象觀察，苦難與榮耀往往不離，就正如初期教會的殉道士，既受悲慘的死刑，但同時亦在這一刻得榮耀，教我們學習如何超越苦難而成就更美的事。

趙崇明博士的兩篇文章，則分別從兩個角度思考西方哲人／神學家如何面對苦難。在第一篇文章〈希臘悲劇和聖經敍事的苦難意識與悲劇精神〉裏，趙老師從一個較少人思考的角度來分析西方人的苦難意識，就是希臘的悲劇。趙老師從三個經典的悲劇裏，發現西方文化以為苦難之所以產生，是建基在宿命觀、性格限制、罪與罰和遍在性的原則上。而西方文化曾經提倡通過理性的思維和尼采的意志生命來克勝苦難，但文章的結尾卻以聖經的敍事來回應悲劇對苦難的理解，從而肯定「信心」與上帝的創造，是基督徒需要加以思考的元素，藉此認識苦難的實相。

第二篇文章〈莫特曼論苦難與受苦的上帝〉則從第二次世界大戰的「奧斯威辛」集中營出發，指出不少當時的神學家因猶太人大遭殺害而對尋求上帝的可能性提出質疑。趙老師以當代德國神學家莫特曼的十架神學為回應，反對希臘式有神論的上帝觀，因如此的上帝並不能了解、甚至親嘗人間的苦楚；而耶穌基督在十字架上的捨身，正代表上帝是有情的上帝——子在地受苦，父因離開子而同樣受苦。三一論式的上帝觀，才是基督徒面對苦難時所應抱持對上帝的理解。

三 牧靈及生命見證篇

張慧玲老師所寫的〈教會對受苦者的牧養及心靈關顧〉一文，從牧養的角度教導我們，當遇到苦難時所應抱持的態度。尤其著墨於心靈關顧上，幫助信徒學懂如何接受不如意的事情發生在自己身上，既要求一個健康的心靈，又鼓勵信徒間彼此守望。最後，張老師提出一個面對苦難時可以操練靈命的指引，筆者相信對正在苦難中的信徒來說，是極佳的「及時雨」。

另外有兩篇分享性的文章，均是作者個人經歷苦難的體驗和感受。

第一篇是我們敬愛的褚永華院長所寫的〈死裏重生悟人生〉。當我初認識褚牧師時，不知道他的心臟原來懷著一個計時炸彈。及後我在香港神學院事奉，才知道褚牧師的情況極之不妙，可說是非常嚴重。按他說，假如不接受大手術，每年突然暴斃的機會就增加百分之二十。但我所認識的褚牧師卻又處之泰然，把一切全交託主，生活依然、事奉依然、講道依然、作息依然、激情依然……。在這篇文章內，褚牧師先分享年少時所經歷的苦難，上帝如何保守他平安地成長；然後，褚牧師分享患心臟病的經過及治療過程。我們從中可以看見主的恩典和保守，亦可以看到一個完全信靠交託、又立志終其餘生事主事人的心懷。

另一篇分享是翁靜淳牧師的〈從女兒危疾生命歷程中反省苦難的意義〉。翁牧師的女兒在八歲的時候就身患癌症，文章內除了分享當時的經過及主的看顧外，還包括翁牧師和師母的心路歷程，他們如何看待苦難，其中，翁牧師為女兒預備的安息禮拜講章，既有真情的表達，又充滿信仰的力量和信心的反思。翁牧師在苦難中的學習和反應，成了我們基督徒面對苦難時可以得安慰的美好見證。筆者亦是一名女兒的父親，故此讀來格外受感動。回想起來，已經很久未曾讀書讀到流淚了！

本書內的九篇文章分別是香港神學院八位講師所寫，我們事先沒有既定立場，亦不想有某些既定的原則規限了我們的思想。但作為編者之一的我，卻感受到聖靈的保守與合一，九篇文章的「聲調」竟然是那麼「和諧」。以下是筆者總結各文章的共同立場：

1. 接受苦難的普遍性，無人能倖免。
2. 基督徒不單沒有特權免於受苦，還可能因信仰的緣故，受苦更多。
3. 重要的不是解釋為何有苦難存在，亦不是如何逃避苦難，而是學懂面對苦難、超越苦難，在看似無情的世間暫作有情人，以信仰的力量勇敢地、負責任地面對生命裏大小的難處，見證基督的真實，亦見證信仰的可貴。
4. 基督徒可以超越苦難的原因是來自信仰，包括聖經的教導、基督的受苦、教會的代禱、信徒信仰生命的紮實等等。

願上帝使用我們這羣微小的人，在苦難的世代能與眾教會一起經歷、反思、見證。這本書如能對正在苦難當中的人，或者是正在思考苦難問題的人，有丁點兒裨益的話，已是上帝對我們最大的回報和鼓勵了。惟願上帝得榮耀！

蘇遠泰

二〇〇五年十二月十三日

註釋：

1 為了能回答當日出席者提出的問題，香港神學院在其學院院訊第80期開始，增設一個名為「苦難神學答客問」的專欄，由不同的老師輪流作答。

聖經篇

1

從「五經」及「智慧文學」看苦難的問題

張祥志

一 引言

曾有一位姊妹帶著一袋屬靈書籍前來神學院找筆者傾談，書籍中包括那本她簽上自己名字的〈和合本〉聖經。這位姊妹前來告訴筆者她決定不再相信耶穌了，因為她覺得上帝不再愛她。筆者細問因由，得知原來與她相戀多年且最心愛的男友日前決意離她而去，了斷關係。她傷心欲絕，更多番質問上帝。這姊妹一直相信上帝是愛，可是現在她覺得上帝不再愛她，不再祝福她了，因為上帝容許她的摯愛離她而去。故此，她將以前所買所看的屬靈書籍及聖經全數送給神學院，因為她認為這些書籍對她再沒有任何意義了。筆者看著這位姊妹，心裏百感交集，一方面為她男友的離開而感到傷心，另一方面也為她面對痛苦的能力如此薄弱，信仰的力量如此微小而感到歎息。

聖經對苦難的回應能力是如此單薄的嗎？筆者相信這位

姊妹的問題不在於基督信仰沒有足夠能力幫助她面對苦難，而在於她對基督信仰的思想過於狹窄，以致她過早地放棄她的信仰。面對苦難的問題，聖經的回應是豐富並多元的，若能較全面了解聖經對苦難的看法，筆者深信我們面對苦難的能力必然增加，而放棄信仰的機會也會大大減少。本文嘗試選擇「五經」及「智慧文學」[1]中與苦難有關的經文加以分析，希望能幫助讀者更有力量面對生命中各種的苦難。

二「五經」對苦難的回應

1. 苦難：讓人知道自己的錯，呼喚人回轉歸向上帝

創世記二章耶和華創造了美好的伊甸園，將亞當安置在當中，使他修理看守，並吩咐他說：「園中各樣樹上的果子，你可以隨意吃，只是分別善惡樹上的果子，你不可吃，因為你吃的日子必定死」(創二15～17)。在創造夏娃作為亞當的配偶後，蛇在第三章便引誘夏娃，夏娃「見那棵樹的果子好作食物，也悅人的眼目，且是可喜愛的，能使人有智慧，就摘下果子來吃了，又給她丈夫，她丈夫也吃了」(創三6)。於是，亞當及夏娃便開始了聖經中人類所犯的第一宗罪。在沒有先例的情況下，耶和華以甚麼來回應亞當及夏娃的罪？耶和華對女人說：「我必多多加增妳懷胎的苦楚；妳生產兒女必多受苦楚。妳必戀慕妳丈夫；妳丈夫必管轄妳。」又對亞當說：「地必為你的緣故受咒詛；你必終身勞苦才能從地裏得吃的。地必給你長出荊棘和蒺藜來；你也要吃田間的菜蔬。你必汗流滿面才得糊口，直到你歸了土」(創三16～19)。上帝對人類的第一宗罪是選擇了以「痛苦」作為回應。

但要留意的是，雖然上帝經常以痛苦來回應人的犯錯，然而，痛苦卻不必然是上帝對人犯錯的惟一回應，例如以色列子民被耶和華拯救離開埃及後，因在曠野沒有水喝及沒有食物，而向摩西、亞倫及耶和華多次發怨言（見出十五22～24，十六2～3，十七3），耶和華在那時並沒有以痛苦的懲罰來回應他們；相反，耶和華卻供應他們嗎哪、鵪鶉和水。又如馬可福音中的彼得曾信誓旦旦地對耶穌說：「眾人雖然跌倒，我總不能……我就是必須和你同死，也總不能不認你」（可十四29、31）。但不久之後，當耶穌被帶到公會受審，彼得卻在公會外邊的院子中三次不認耶穌（可十四66～72），耶穌同樣沒有以痛苦的懲罰來回應彼得，卻在祂復活時差使者叫彼得及其餘的門徒回到加利利去見自己（可十六7）。加利利是門徒最初跟從及認識耶穌的地方，回到加利利有著「重頭開始」、「重新再來」的意味。另外，約翰福音八章的行淫婦人被人捉姦在場，經過一番擾攘後，耶穌同樣沒有以痛苦回應婦人，祂最後只對婦人說：「我也不定你的罪。去吧，從此不要再犯罪了」（約八11）。所以，以痛苦來回應人類的犯錯並非上帝惟一的選擇。

耶和華選擇以痛苦來回應亞當及夏娃，目的不是要置他們於死地，因為耶和華後來用皮子造衣服給他們穿（創三21），也給他們得到有兒子的祝福（創四1～2）。筆者相信，耶和華選擇以痛苦來回應他們，主要是希望警惕亞當及夏娃的後人，讓他們知道違犯上帝的創造秩序，其後果是很痛苦的。當然，讓亞當及夏娃知道自己的錯，以致學會反省回轉歸向上帝也是另一個可能的目的。事實上，往往人若不知道痛，就不會回轉。

2. 苦難：上帝審判邪惡的工具

在「五經」中，我們經常看到上帝透過苦難或災禍來審判敵擋祂的人，其審判的方式往往都是「以其人之道還治其人之身」，以邪惡來審判邪惡。例如，在洪水故事中，耶和華見人在地上的罪惡很大，終日所思想的盡都是惡，祂便後悔造人在地上，心中憂傷，於是決定要親手毀滅自己所創造的世界（創六5～7），然後藉著挪亞一家重新再創造一個新的世界，而耶和華毀滅世界的方式是用「洪水」。從創世記一章我們看到，「淵面」或「大水」是耶和華創造時要對付的其中一個問題，上帝的靈運行在水面上，上帝在諸水之間創造出「穹蒼」，[2]將諸水分為天上的水及天下的水（創一6～7），而天下的水又要聚在一處，使旱地露出來，將地和海分開了（創一9～10）。在希伯來文化中，「大淵」、「大水」、「海」都是象徵「邪惡」，[3]現在，上帝的創造將原本充滿整個空間的「淵面」分開，將之限制在天上及天下，這意味著上帝在創造時把「邪惡」限制著，使它有著自己的界限。當人類罪大滔天的時候，耶和華決定要審判世界，於是使大淵的泉源裂開，也使天上的窗戶敞開，四十晝夜降大雨在地上（創七11～12）。洪水水勢浩大，天下的高山及山嶺都淹沒了，凡在地上有血肉的動物，連人帶牲畜、昆蟲、空中飛鳥都從地上除滅。這景象正是創造之前的狀況：井然有序的創造世界，現因人的邪惡變回「空虛混沌，淵面黑暗」。而上帝所作的意思很清楚：人類不按照上帝的創造秩序生活，要以反創造來回應上帝的創造，於是上帝便以反創造（洪水）來回應人的反創造（邪惡），讓人知道真正的反創造是一件如何恐怖的事。人類如果要反創造，上帝便以反創造來審判人，以其人之道還治其人之身，讓人知道活在反創造當中是何等痛苦。

類似的例子亦出現在出埃及記的法老身上。以色列子民在埃及「生養眾多，並且繁茂，極其強盛，滿了那地」(出一7)，「生養眾多」是上帝創造的祝福(參創一28，十七2～6，四十七27)。可是這種對以色列人的創造祝福卻成為埃及法老的威脅：若日後遇甚麼爭戰的事，以色列人就會聯合仇敵攻擊法老，離開埃及(出一10)。於是法老下令苦待以色列人，叫收生婆殺害男孩，又命令將以色列的男孩丟在河裏。法老的角色象徵著反創造的力量，而諷刺的是，法老現在所作的正是他將來所要承受的。例如他下令殺害以色列的男嬰，耶和華將來便以殺長子之災對付他；他要將以色列的男孩丟在河裏，耶和華將來卻用紅海淹沒法老及其軍兵；原本用來殺害以色列男孩的尼羅河，後來卻成為拯救摩西的地方，以致摩西將來可以顛覆法老。總括一句，法老計劃如何消滅以色列人的同時，上帝亦計劃如何消滅法老及埃及人。[4]

此外，耶和華用十災拯救以色列人離開埃及。對以色列人來說，十災是拯救的記號；但對法老及埃及人來說，十災卻是審判的記號。而這審判的記號也是針對法老的反創造行為而設，法老要敵擋耶和華的創造祝福，耶和華於是以反創造的十災來對付法老。其反創造性質可見於：創造時大自然生物是各從其類，井然有序，十災卻是所有生物完全混亂失控，秩序蕩然無存；創造時是人類管理動物昆蟲，十災卻是動物昆蟲來擾亂人；創造時上帝將光和暗分開，十災中的黑暗之災卻回復創造之前的黑暗狀態；創造時上帝祝福人類生養眾多，殺長子之災卻是將人生命斷絕等。

至於過紅海一幕，其創造與反創造的特性更明顯可見。耶和華用雲柱將以色列人及埃及人分別開，一邊黑暗，一邊發光（出十四19～20），這正與上帝創造世界時將光暗分開遙遙呼應（參創一3）。當摩西向紅海伸杖，耶和華便用大東風使海水一夜退去，水便分開，海就成了乾地，以色列人下海中走乾地，水在他們的左右作了牆垣（出十四21～22）。「風」原文是 רוּחַ ，也正是創世記一章2節中上帝的「靈」（רוּחַ），現在同樣的 רוּחַ 展開創造工作，將海水和陸地分開，也是呼應著創世記中「天下的水要聚在一處，使旱地露出來」（創一9～10）。對於埃及人，耶和華所作的都是反創造的行動，耶和華從雲火柱中向埃及的軍兵觀看，使埃及的軍兵「混亂」了，又使他們的車輪脱落，難以行走（出十四24～25）。然後，耶和華吩咐摩西向海伸杖，叫水仍合在埃及人並他們的車輛及馬兵身上，到天一亮，海水便仍舊復原，水就回流，淹沒了車輛和馬兵；以色列人卻在海中走乾地，水在他們的左右作了牆垣（出十四26～29）。簡單來説，過紅海事件基本上是洪水事件的微型版本，兩者都是耶和華以邪惡（洪水／大海）來審判敵擋創造秩序的人類，讓他們死在自己的邪惡之中。

苦難，可以是上帝用來審判破壞祂創造秩序的人的一種工具。申命記二十八章以大量篇幅清楚説明，若不聽從耶和華的話，不謹守遵行祂的一切誡命律例，便會得到災禍疾病、不幸之際遇、財產之損失、大自然之破壞與失收、打敗仗、國家衰落、敵人摧殘、人數稀少、流放被逐等痛苦結果。故此，若苦難臨到，我們也應想想是否我們在某些層面得罪了上帝，破壞了祂的創造秩序，以致得到如此遭遇。

3. 苦難：試煉人的信心

「五經」中不乏上帝透過一些痛苦的經歷來試煉祂子民的故事。試煉的作用，可以是讓上帝或當事人知道人的信心究竟有多大，或是讓子民認識上帝是一位怎樣的上帝。例子可見於亞伯拉罕獻以撒事件及以色列人出埃及後在曠野受試驗的一幕。

先說亞伯拉罕獻以撒的故事（創二十二1～18）。耶和華呼召亞伯拉罕離開本地本族父家，往祂所要指示的地去，並應許亞伯拉罕將來必成為大國，地上萬族都要因他得福（創十二1～3）。成為大國涉及生孩子的問題，可是經文早已告訴我們亞伯拉罕的妻子撒拉不生育，沒有孩子（創十一30）。過了一段時間後，亞伯拉罕因自己沒有兒子而憂心時，耶和華向他顯現。由於耶和華沒有給他兒子，他認為自己的後嗣就是其養子大馬色人以利以謝（創十五2～3），但耶和華卻對他說：「這人必不成為你的後嗣；你本身所生的才成為後嗣。」（創十五4）對亞伯拉罕來說，由於撒拉不能生育，所以如果要由他所生的才能成為後嗣，必定要由其他女人生產才能成就上帝的心意，於是撒拉建議將埃及的使女夏甲給亞伯拉罕為妾，讓她為他生孩子（創十六1～4）。夏甲果然為亞伯拉罕生了一個兒子，名叫以實瑪利。

但後來上帝又對亞伯拉罕說：「我必賜福給撒拉，也要使你從她得一個兒子。」但亞伯拉罕的回應卻是心裏暗笑，說：「一百歲的人還能得孩子嗎？撒拉已經九十歲了，還能生養嗎？」然後對上帝說：「但願以實瑪利活在你面前」（創十七15～18）。亞伯拉罕笑的回應，顯示出他認為從撒拉得孩子是不可能的事，因為自己及撒拉的年紀都已經老邁，而且撒拉早已不能生育。但上帝卻告訴亞伯拉罕到明年這時候，撒拉必給他生以撒(創十七19～22)。其後上帝的三位使者到訪，亞伯拉罕接待他們，其中一位對他說：「到明年這時候，我必要回到你這裏；你的妻子撒拉必生一個兒子」(創十八10)。這段說話給撒拉偷聽到，但由於亞伯拉罕和撒拉年紀老邁，甚至撒拉的月經都已經斷了，故此撒拉心裏暗笑說：「我既已衰敗，我主也老邁，豈能有這喜事呢？」(創十八10～12)撒拉的暗笑同樣顯示她對使者所說的話不以為然。但後來耶和華再次對亞伯拉罕說：「明年這時候，我必回到你這裏，撒拉必生一個兒子」(創十八14)。果然，一年之後，耶和華按著先前的話眷顧撒拉，使她懷孕，給亞伯拉罕生了一個兒子，亞伯拉罕給兒子起名叫以撒，意思是「他笑」(創二十一1～3)。對亞伯拉罕及撒拉來說，能得到以撒是一件在他們想像及能力以外的事情，他們能想像的都只不過是以利以謝及以實瑪利，甚至當耶和華說撒拉要生一個孩子時，他們的回應都是暗笑而已。故此以撒的出現是一件他們喜出望外的事情。

可是，後來耶和華卻為了試驗亞伯拉罕，吩咐他把以撒獻為燔祭(創二十二1～2)。不難想像，這吩咐對亞伯拉罕來說是一項極大的苦難：千辛萬苦才得到的孩子，現在要一下子獻上，有誰不痛心？但亞伯拉罕仍然聽從上帝的吩咐，將兒子帶到目的地，預備將他獻上。雖然亞伯拉罕相信上帝會另外預備作燔祭的羊羔(創二十二8)，但事實上這羊羔一直都沒有出現，直到他將兒子捆綁，放在壇的柴上，並伸手拿刀要殺以撒的時候，耶和華的使者才阻止他。直至這刻，上帝才知道亞伯拉罕對祂的敬畏是真實的：「你不可在這童子身上下手。一點不可害他！現在我知道你是敬畏上帝的了；

因為你沒有將你的兒子，就是你獨生的兒子，留下不給我」（創二十二12）。經文十分清楚說明這吩咐是一個試驗——上帝要試驗亞伯拉罕（創二十二1）。沒有這痛苦的經歷，上帝也不知道究竟亞伯拉罕對祂的敬畏是否真實，以及亞伯拉罕是否真正願意將上帝賜給他的禮物歸還與祂。但透過這痛苦的吩咐，讓全世界都知道亞伯拉罕是真正敬畏耶和華的了。

鏡頭一轉，以色列人過了紅海，離開埃及以後，下一站並不是到流奶與蜜的迦南地，而是荒蕪貧瘠的曠野。在曠野他們因水苦不能喝（出十五22～24），又沒有食物（出十六1～3），又沒有水喝（出十七1～3），於是不斷向摩西發怨言（出十五24，十六2～4，十七3），後來耶和華將他們的問題一一解決，將水變甜，賜他們嗎哪及鵪鶉吃，又從磐石中流出水給他們喝。而經文清楚告訴我們，耶和華帶他們到這些曠野是為要試驗子民，看他們是否遵守祂的律例（出十五25，十六4）。沒水喝及沒食物自然是一種痛苦，但這痛苦是上帝特意用來試驗子民的生命。透過逆境，讓子民看清楚自己屬靈生命的真實狀況；透過逆境，讓子民認識上帝是有能力克服惡劣環境的；透過逆境，讓子民知道不遵守上帝律法的後果。故此，苦難可以是一個讓人認識自己、認識上帝、使人生命成長的機會。而這些對自我和對上帝的認識，往往是在順境快樂的環境中未必能得到的。

4. 苦難：讓人的生命得反省並學習功課

雅各可算是一個心思細密、深謀遠慮、機關算盡的人物，他因出生比以掃輸了一個身位便一生失卻了長子的名分。為要得到他所失去的，他抓緊機會以紅豆湯騙取以掃的長子名分，又不惜假扮以掃去騙取父親以撒的祝福，以致以掃抱著懷恨之心，想找機會報復。後來雅各逃到舅父拉班那裏，在那裏他因深愛拉結的緣故，被拉班這個老奸巨猾的舅父欺騙了十四年的光陰。但這次敗仗並未能讓雅各學懂輸的功課；雅各實在是一個很了不起的人，他可以憑自己的精明，再次把拉班肥壯的羊羣、僕婢、駱駝和驢騙取回自己手上，使自己勝回一仗。雖然雅各憑自己的努力及聰明得到他的地位及財富，但事實上，他卻輸掉他生命中一些十分重要的東西：他的哥哥、他的舅父等都成為了他的敵人，他一生都為他們的報復而惶恐。後來他要回到故鄉，聽見他的哥哥以掃正帶著四百人迎著他來（創三十二6），雖然他十分懼怕及愁煩，但仍然本著精於計算的本色，編排隊伍，將牛、羊、駱駝、驢駒等當作禮物放在前頭，使僕人走在前頭，並使羣羣相離，希望藉禮物能解以掃心裏之恨（創三十二13～21）。

直到雅博渡口，上帝與他摔跤（創三十二24）。這場摔跤的特別之處在於不知是誰勝誰負。表面上雅各好像打勝了，那人說：「你的名不要再叫雅各，要叫以色列；因為你與上帝與人較力，都得了勝」（創三十二28）。但同時雅各的大腿窩卻被上帝扭了（創三十二25），而且雅各要求上帝給他祝福，否則不容祂離開（創三十二26），甚至最後雅各自己也說：「我面對面見了上帝，我的性命仍得保全」（創三十二30）。這勝負的角力正讓雅各學懂了最重要的功課——要得勝便要學懂去輸。雅各一生的生命充滿愁煩、恐慌、逃亡，皆因他一生都要不斷爭勝。現在經過雅博渡口一役後，他學懂輸了。當他回去見以掃的時候，他把妻兒安排好後，自己卻在他們前頭過去，一連七次俯伏在地，就近他的哥哥（創三十三1～3），這與先前把自己放在最後的安排形成一個強烈的對比。再者，雅各迎見以掃的時候對以掃說：「求你收下我帶來給你的祝福（בְּרָכָה），因為上帝恩待我，使我充足」(創三十三11)。這「祝福」(בְּרָכָה) 正是他上半生不擇手段所追求的，現在卻願意將這祝福歸還給以掃，而以掃也跑來迎接他，將他抱住，摟著他的頸項與他親嘴(創三十三4)，彼此化干戈為玉帛。大腿窩扭了，是一個痛苦的記號，但這痛苦的記號卻讓雅各學懂輸的功課，這輸的功課又讓他贏回親情。所以痛苦可以讓人反省自己的生命，讓生命回轉。

5. 苦難：邪惡的後果及成就上帝心意的途徑

人的邪惡往往為其他人帶來很多苦難，無疑這些來自人邪惡的苦難都是需要加以譴責及剷除，可是就算是來自人的邪惡的苦難，在上帝的手中仍然可以轉化成為種種的祝福。

約瑟的一生可算是坎坷滿途，他因父親的偏心及自己種種不懂人情世故的舉動，使哥哥們對他懷恨在心，最終把他賣到埃及作僕人(創三十七2～28)。但耶和華與約瑟同在，使他百事順利，而主人波提乏亦將家中的一切都交在約瑟手裏管理(創三十九2～6)。可是好景不常，波提乏的妻子因見約瑟秀雅俊美，便以目送情給約瑟，引誘他與她同寢。但約瑟心裏正直，不願作這大惡得罪他的主人及他的上帝，雖然主母天天色誘約瑟，約瑟卻避之則吉(創三十九7～10)。後來主母因姦不遂，以致老羞成怒，於是誣陷約瑟，把他下在監裏(創三十九11～20)。約瑟因何受坐監之苦？不是因他做錯了事，反而是因他做「對」了事，他拒絕邪惡的誘惑，他不願得罪他的上帝，正因如此，他便被邪惡的主母害得成為階下囚。但耶和華又與約瑟同在，向他施恩，使他在司獄的眼前蒙恩，司獄就把監裏所有的囚犯都交在他的手下（創三十九21～23）。

後來，埃及王的酒政和膳長因得罪了埃及王，被送下監裏，二人各做了一個夢，卻不明白夢的意思，約瑟便為他們解夢，後來他們的夢也得到應驗——膳長被斬，酒政得釋放。約瑟請求酒政得釋放後在法老面前提說他，救他出監牢，可是酒政卻忘記了約瑟，一忘便是兩年的光景（創四十1～23）。雖然人忘記約瑟，但上帝卻沒有忘記他，耶和華使法老做了兩個夢，而這兩個夢就把酒政帶回記憶中，記起兩年前所忘記的事情。因埃及所有的術士和博士都無法解通那些夢，故酒政便想起約瑟曾在監為他及膳長解夢，於是便將約瑟推薦給法老。法老召了約瑟，而約瑟亦將那兩個夢的意思——埃及將會有七個豐年及七個荒年——清楚告訴法老，並且提議法老揀選一個有聰明有智慧的人去治理埃及地，於是法老便順理成章揀選約瑟作了埃及的宰相去管理饑荒的事宜（創四十一章）。

恰巧，約瑟在迦南地的父親及哥哥們也遇著饑荒的困擾，於是便戲劇性地構成約瑟與哥哥們相遇的一幕。以前哥哥們惱恨約瑟，並加害於他；現在約瑟貴為埃及宰相，掌握糧食之權，哥哥們卻陷於困境，約瑟會如何對待他們？有仇不報非君子？仇人見面，分外眼紅？不！約瑟與哥哥們的相認，他是這樣說：「我是你們的弟兄約瑟，就是你們所賣到埃及的。現在，不要因為把我賣到這裏自憂自恨。這是上帝差我在你們以先來，為要保全生命。現在這地的饑荒已經二年了，還有五年不能耕種，不能收成。上帝差我在你們以先來，為要給你們存留餘種在世上，又要大施拯救，保全你們的生命」(創四十五4～7)。從約瑟的一段說話，讓我們可以得知他如何看他過去的一生，也得知他如何看他的苦難。

首先，約瑟並沒有否認他到埃及是因為他哥哥們「賣」他的，「賣」是由於怨恨及妒忌，是出於邪惡的動機，但在約瑟眼中，這邪惡的動機同時可以成為上帝祝福的工具——「這是上帝『差』我在你們以先來，為要保全生命」，約瑟把哥哥們邪惡的「賣」轉化為上帝祝福的「差」。

在一般人眼中，約瑟一生的際遇十分坎坷，沒有犯甚麼大錯，卻換來被賣、下監、苦候等痛苦經歷。他應該向哥哥們報復，懲罰他們，讓他們承受自己所種下的惡果。可是約瑟卻從另一個眼光來看他的過去，他視他坎坷的際遇為上帝的「差遣」，是上帝拯救計劃的一部分：「上帝差我在你們以先來，為要給你們存留餘種在世上，又要大施拯救，保全你們的生命。」原來當初的痛苦——就算來自人的邪惡——都是為了今天的拯救，苦難是上帝拯救計劃的一個環節，沒有當天的痛苦，便沒有今天的拯救。

約瑟的一生都有上帝的計劃在當中，無論他自覺或不自覺。當約瑟聽父親吩咐去尋找哥哥們時，他曾經迷了路(創三十七15)，若不是剛巧遇上那指點他迷津的人，約瑟便找不到哥哥；若不是因為找到他們，約瑟便不會被賣到埃及；若不是被賣到埃及，約瑟便不會到波提乏的家；若不是到了波提乏的家，約瑟便不會遇上他的主母；若不是遇上他的主母，約瑟便不會被收監；若不是被收監，約瑟便不會遇到酒政；若不是遇到酒政，當法老做夢時酒政便不會想起約瑟；若不是想起約瑟，約瑟便不會做到埃及的宰相；若迦南地不是遇饑荒，約瑟的哥哥便不會到埃及；若哥哥們沒有到埃及，約瑟便不會與他們相認……。一切都並非偶然，而是盡在耶和華的計劃中，而受苦是其中一個重要環節。

約瑟的故事給我們一個很好的角度來看苦難：今天我們遇見的苦難，可能是成就上帝心意的一個中途站，可能是為將來更重要的事情鋪路，為要成就上帝美好的計劃。被「賣」可以讓人生活在忿怒仇恨中，被「差」卻可以讓人生活在感恩倚靠裏，從被「賣」到被「差」，是一個生命眼光轉化的境界。

三「智慧文學」對苦難的回應

1. 箴言中的苦難：破壞道德秩序的後果

上帝創造世界時定下了各種秩序，而「道德秩序」是其中非常重要的一種，目的是讓人可以在社會中過一個有道德、有界線、合上帝創造心意的生活，為人的生命帶來安定、和諧、秩序。破壞道德秩序自然會對社會的和諧構成威脅，使在當中生活的人受到痛苦。箴言中的苦難絕大部分都是來自破壞上帝的道德秩序而遭上帝懲罰的結果，上帝十分憎惡破壞祂創造秩序的人，這些人至終都沒有好結果，如：

- 「義人的紀念被稱讚；惡人的名字必朽爛。」(箴十7)
- 「敬畏耶和華使人日子加多；但惡人的年歲必被減少。」(箴十27)
- 「義人永不挪移；惡人不得住在地上。」(箴十30)
- 「惡人雖然連手，必不免受罰；義人的後裔必得拯救。」(箴十一21)
- 「義人不遭災害；惡人滿受禍患。」(箴十二21)

- 「奸惡人房屋必傾倒；正直人的帳棚必興盛。」(箴十四11)
- 「撒罪孽的，必收災禍，他逞怒的杖也必廢掉。」(箴二十二8)

除了破壞道德秩序外，箴言中的痛苦也可以因種種不同的原因而產生：

- 無知：「明哲人嘴裏有智慧；無知人背上受刑杖。」(箴十13)
- 愚昧：「愚昧人的口自取敗壞；他的嘴是他生命的網羅。」(箴十八7)
- 懶惰：「手懶的，要受貧窮；手勤的，卻要富足。」(箴十4)「懶惰人因冬寒不肯耕種，到收割的時候，他必討飯而無所得。」(箴二十4)
- 君王的暴虐：「暴虐的君王轄制貧民，好像吼叫的獅子、覓食的熊。」(箴二十八15)
- 濫交：「濫交朋友的，自取敗壞；但有一朋友比弟兄更親密。」(箴十八24)
- 諂媚鄰舍：「諂媚鄰舍的，就是設網羅絆他的腳。」(箴二十九5)
- 說謊：「作假見證的，不免受罰；吐出謊言的，也必滅亡。」(箴十九9)
- 急速發財：「人有惡眼想要急速發財，卻不知窮乏必臨到他身。」(箴二十八22)
- 驕傲：「驕傲在敗壞以先；狂心在跌倒之前。」(箴十六18)
- 硬著頸項：「人屢次受責罰，仍然硬著頸項；他必頃刻敗壞，無法可治。」(箴二十九1)

簡而言之，箴言中的痛苦都是由於有些人違犯了上帝的心意，沒有跟從祂的教導，以致承受著因秩序被破壞而自然帶來的痛苦後果，或是被上帝所懲罰的結局。故此，遵守上帝的道德秩序是避免痛苦的重要因素。

2. 傳道書中的苦難：提醒人要敬畏上帝

箴言對苦難問題的基本邏輯是：人有痛苦是因為人破壞了上帝的道德秩序，若人遵守上帝的道德秩序，人可避免於受苦，得享上帝的祝福。可是這邏輯並非「智慧文學」中惟一的邏輯，傳道書中所呈現的邏輯卻有另一番風味：義人受苦，惡人得享榮耀及長壽（傳七15～22，八9～14）；審判之處及公義之處也有奸惡（傳三16）；有智慧的不被重視（傳四13～16，九13～17）；世間充滿欺壓及掠奪（傳五8～12）；努力不一定得到成功（傳九1～12）等等，傳道者將這種種現象稱為「虛空」（הֶבֶל）。在傳道書中，道德秩序似乎備受質疑，世間上出現很多違反創造秩序的事情，但上帝卻似乎沒有像箴言般去懲罰惡人及保守義人，究竟為何會這樣？傳道書三章解釋了人生為何有這「虛空」，而人又應如何回應這「虛空」。

傳道書三章一開始便提出「凡事都有定期，天下萬務都有定時」（傳三1），這「定時」或「定期」是上主創造人類時給予人類的一種限制感，筆者稱之為「定命秩序」。傳道者然後提出了十四對人生的處境：生有時，死有時；栽種有時，拔出所栽種的也有時；殺戮有時，醫治有時；拆毀有時，建造有時……（傳三2～8）。這些「有時」（עֵת）並不是叫人把握光陰，否則錯失時機便後悔莫及；這些「有時」是指出上帝創造人類時是有一種限制感，就是人不能「決定」或「控制」這些處境，人不能改變這些定時，人只能「回應」這些定時。[5] 人無法完全控制「生／死」、「殺戮／醫治」、「拆毀／建造」、「哀哭／歡笑」、「尋找／失落」、「靜默／言語」、「喜愛／恨惡」、「戰爭／和好」等等處境在甚麼時候會出現，人只能去接受這些處境在人生的某些時空中必然會出現。這是人的「定命秩序」，是人的一種「限制感」，而這「限制感」是上帝創造我們時隨之賦予的一種性質。

另外，傳道書三章11節這樣說：「上帝造萬物，各按其時成為美好，又將永恆[6] 安置在世人心裏。然而上帝從始至終的作為，人不能參透。」上帝創造人類時給了一種「限制感」／「定命秩序」的同時，上帝也將「永恆感」安置在人的心裏，從傳道書的脈絡來看，我們可將「永恆感」理解為對「完美」、「公義」、「圓滿」等的渴望。原來，上帝創造的人類是一種很奇怪的東西，他既會對完美、公義、圓滿、幸福等存著渴望並追求的心，但同時他也是一個充滿限制及定時的人，「永恆」與「限制」同時存在於一個人的生命中。人希望得到完美，但可惜人同時是有限的人，當人因著人的限制而不能達致完美時，人的內心便會產生一種「不舒暢」的感覺，而這種感覺，傳道者便稱為「虛空」（הֶבֶל）。

明白了這種人類本質的真相，我們便不難明白為何「義人受苦，惡人長壽」會令人如此不舒暢，因為人「永恆感」的本質催迫人追求完美的公義：義人應該長壽，惡人應該受苦……；可是人的「限制感」(如惡人勢力強大，義人無力對抗) 卻使他不能達成心願，於是「完美的渴望」與「有限的定時」之間便產生了一道鴻溝，這就是「虛空」。如果人渴望完美，同時也有達致完美的能力；又或者人是有限制，但卻沒有渴望要完美，人便不會感到虛空。可是上帝創造人類時卻將這兩個特質放在人的生命中，到底上帝的用意是甚麼？

傳道書三章14節給了我們清楚的答案：「我知道上帝一切所做的都必永存；無所增添，無所減少。上帝這樣行，是要人在祂面前存敬畏的心」。上帝所定的，人不能增加或減少，不能改變，上帝這樣作，目的是「要人在祂面前存敬畏的心」。甚麼是「敬畏上帝」？就是承認人只不過是有限的「受造物」，不是無限的「創造主」。上帝特意將人創造為有「虛空」，就是透過「虛空」去提醒人，人的本質就是有限制的受造物，沒有這提醒，人很容易忘記自己的本質，以致自己要做上帝，掌管自己的生命，罪亦很容易由此而生。「虛空」是苦難的其中一種表現，從這角度來看，苦難可以是上帝用來提醒人回歸自己生命的本質——受造物——的一種工具或手段，讓人感受自己的限制，以致承認真正的主是上帝，而不是自己，與上帝建立一正確理想的關係。

甚至，傳道書認為苦難都是上帝所賜給人的分，可以讓人享受。傳道書六章3至6節這樣說：

> 在日光之下所行的一切事上，有一件禍患，就是眾人所遭遇的都是一樣，並且世人的心充滿了惡。活著的時候心裏狂妄，後來就歸死人那裏去了。與一切活人相連的，那人還有指望，因為活著的狗比死了的獅子更強。活著的人知道必死，死了的人毫無所知，也不再得賞賜，他們的名無人記念。他們的愛，他們的恨，他們的嫉妒，早都消滅了。在日光之下所行的一切事上，他們永不再有分了。

傳道書為人生定下了一條最低的界線——死亡。傳道者的邏輯是：活著的人知道自己有一天必定會死，但現在他仍未死，但死了的人便一切都沒有了，所以就算活著但軟弱(狗)的，比強壯但死了(獅子)的更好。留意傳道者說，死了的人甚麼都沒有了，包括「他們的愛，他們的恨，他們的嫉妒」，傳道者認為上帝所賜給人的分隨著死亡而消逝，人死了甚麼分都不再有了，可是甚麼是人的「分」？對傳道者來說，「分」包括愛、恨、嫉妒，即不單是人生美好的事情(愛)，也包括痛苦的事情(恨、嫉妒)。一般人都很嚮往美好的事物，喜歡追求快樂，喜愛趨吉避凶，美好與快樂無疑是上帝所賜給人的分，可供人享受；但傳道者並不將分的範圍限制於美好的事物之內。原來不美好的恨和嫉妒都是上帝賜人的分，人同樣可以享受。君不見一些怨偶嗎？夫妻二人每天相互爭吵，彼此咒罵，恨不得對方立即人間蒸發，但當配偶真的離開世界，永遠無法再見其音容時，自己卻為此哭得死去活來，恨不得隨之而去。原來在生命中有很多我們認為是苦難的事情，在死亡的終極大限下會升華至成為一種動人的淒美。在這淒美的境界，再沒有好與不好的分別，也沒有快樂與痛苦的差異，一切感受都被這分淒美所超越。人很討厭苦難，可是從這角度來看，苦難也是上帝所賜給人的一個分，可供人享受。至少苦難可以告訴我們，我們仍然活著，若人死了，便連這感覺都沒有，一切都消失了。

3. 約伯記中的苦難：啞口無言的主權

聖經對約伯的形容是：完全正直，敬畏上帝，遠離惡事。約伯的苦難正正來自他這美好的品質。耶和華在天庭中主動告訴撒但，祂的僕人約伯「完全正直，敬畏上帝，遠離惡事」(伯一8)，撒但的回應是：「約伯敬畏上帝，豈是無故呢？你豈不是四面圈上籬笆圍護他和他的家，並他一切所有的嗎？他手所做的都蒙你賜福；他的家產也在地上增多。你且伸手毀他一切所有的；他必當面棄掉你」(伯一9～11)。換句話說，撒但認為約伯敬畏上帝是因為上帝祝福他，如果將他的祝福全部取消，他必定會棄掉上帝，而耶和華卻容許撒但攻擊約伯，以證明約伯是否因為祝福才敬畏上帝。這就是約伯受苦的原因，而這原因耶和華知道，撒但知道，讀者知道，約伯卻不知道。其後，撒但透過不同的方法攻擊約伯，包括外在財產、家人的損失，並內在身體的疼痛，約伯的回應卻是：「我赤身出於母胎，也必赤身歸回；賞賜的是耶和華，收取的也是耶和華。耶和華的名是應當稱頌的。」(伯一21)「難道我們從上帝手裏得福，不也受禍嗎？」(伯二10)從約伯的回應，我們可以看見他的神學如何回應苦難。

「我赤身出於母胎，也必赤身歸回。」對約伯來說，人生只是一個過程，來的時候沒有帶來任何東西，去的時候也不能帶走任何事物，開始與結束都是「赤身」，能夠擁有的就是在這開始與結束的中間過程，無論是幸福或苦難，這過程本身就已經是一種賺取了。「賞賜的是耶和華，收取的也是耶和華」，「難道我們從上帝手裏得福，不也受禍嗎？」約伯認為，耶和華絕對有權在他人生的過程中賞賜或收取，使他得福或受禍。無論怎樣，上帝的名不應因為祂賞賜或收取而受損。從這條公式來看，我們可以更進一步推論：如果上帝可以賜福，亦可賜禍，那麼我們人生能擁有幸福便不是必然，而是上帝從福與禍之間選擇了幸福賜給我們，上帝絕對可以選擇另一可能——災禍——給我們。從這角度看，人生有苦難便不足為奇，因為苦難原不過是生命中兩個可能的其中一個。今天很多信徒因為受苦而埋怨、甚至離開上帝，都是因為假設人生得福是必然的、正常的；但約伯並沒有這樣的假設，對約伯而言，得福與受禍同樣不是必然的、正常的，而是上帝主權的選擇。無論上帝選擇哪一樣，都不應影響祂是創造主的這種榮耀。人能夠在這人世間走一回，本身就已經是賺取了。苦難是生命的一個可能性，有苦難可以是正常的，上帝仍然是上帝，這是約伯面對苦難的一種回應。

但約伯記對苦難的回應並不單只有這角度。約伯的三個朋友不斷力勸約伯認罪悔改，因他們認為約伯受苦是因為他犯罪得罪上帝。但約伯不斷為自己爭辯，認為自己受苦不是因為犯罪得罪上帝，而是上帝要攻擊他（伯六4，十14～17，十四15～22，十六6～14，十七6～9，十九6～22），所以他想直接與耶和華討論（伯二十三2～7），耶和華最後在旋風中出現（伯三十八～四十一章）。而耶和華出現的一幕，讓約伯及讀者都被提升到一個超然物外的境界。耶和華出現，並沒有將約伯的受苦原因清楚解明，也沒有因約伯為耶和華打了一場勝仗而向他道謝；相反，耶和華不斷用問題挑戰約伯。

第一個回合（伯三十八1～四十2），耶和華以祂的兩類創造來挑戰約伯，第一類是大自然中沒有生命的世界：地界、海界、日光、生死、冰雹、光、東風、雨水、冰、星、閃電、雲彩等；第二類是大自然中有生命的動物：母獅及烏鴉、野山羊及母鹿、野驢及野牛、鴕鳥、馬及鷹等。耶和華挑戰約伯說，當祂創造這世界的時候約伯在哪裏？為何祂要把這世界創造得那麼奇特？面對那麼偉大的課題，約伯當然啞口無言：「我是卑賤的！我用甚麼回答你呢？只好用手摀口。我說了一次，再不回答；說了兩次，就不再說」(伯四十4～5)。

在第二個回合中(伯四十6～四十一34)，耶和華叫約伯觀看祂所創造的河馬和鱷魚，[7]這兩類巨獸都被形容為力大無窮，不能克勝。耶和華挑戰約伯，問他能否制伏牠們？如果人連這些受造的巨獸都無法制伏，那麼人又如何能夠與創造這些巨獸的上帝相比？對宇宙世界，人甚麼都不知，又怎能判斷創造宇宙世界的上帝？面對連用「偉大」這樣的詞彙都不足以描述的一位上帝，約伯當然無言以對，他惟一能做的只是承認上帝「萬事都能做，旨意不能攔阻」(伯四十二2)。

值得留意的是，約伯記中記載上帝創造世界，並不如創世記般將人放在創造的高峯核心位置；相反，約伯記中的創造記載完全沒有提及人，其意思昭然若揭：人在創造中並沒有特別位置！耶和華對約伯所質問的問題，全都是距離約伯理解能力範圍數億里以外的事物，其目的是要叫約伯認識自己在宇宙中連一粒微塵都不如。一粒微塵如何能明白創造者複雜的心思？創造者又是否有責任向這粒微塵交待祂的作為？約伯既然連微塵都不如，又何來資格去質問耶和華他受苦的原因，或叫耶和華證明他的受苦與犯罪無關？上帝在人身上有絕對主權的意思，就是上帝讓任何事情發生在我們身上，我們也無權提出任何問題。當我們面對苦難的時候，約伯記三十八至四十一章告訴我們：閉口！

四 結語

如何面對苦難？聖經對這問題並沒有提供單一的答案；

相反，聖經提出了非常多元的角度供我們參考，每一個角度都能讓我們對苦難有深刻的反省，並豐富及增強我們面對苦難的能力。當我們面對苦難，我們可以思想：是否我們違犯了上帝的道德秩序，以致遭上帝的審判懲罰？是否上帝要試煉我們，讓我們更加認識自己及上帝，讓我們的生命得以成長？是否上帝在對付我們的生命，要讓我們回轉到祂的心意裏？這苦難是否為要成就上帝將來更偉大的旨意？是否在提醒我們要知道人的限制，學懂敬畏上帝？這苦難是否上帝賜給我們的分，叫我們好好珍惜及享受？是否這苦難是生命的一種可能性，就正如快樂一樣，那麼，又何須在面對苦難時怨天尤人呢？或者面對苦難時無須問任何問題，也無必要有任何激烈的反應，因為上帝有絕對的主權。

要尋找這些「是否」的確實答案可能只會徒勞無功，因為我們無法證實每一個苦難背後的原因。但其實知道原因與否並不重要，重要的是如何從不同的角度去幫助我們對上帝、對人、對自己、對世界有更深的認識及反省，愈多的角度便愈加強我們面對苦難的韌力，以致我們的生命有更進深的成長。但願這篇文章能夠幫助我們面對生命裏各種苦難！

註釋：

1 本文所指的「智慧文學」只包括箴言、傳道書及約伯記三卷，並不包括其他傳統的書卷如《便西拉智訓》、《所羅門智訓》等。

2 原文רָקִיעַ，〈和合本〉譯作「空氣」。

3 禤浩榮著：《聖經中的希伯來人——漫談聖經希伯來人的思想與文化》（香港：天道書樓，1999），頁25～30。

4 Terence E. Fretheim, *Exodus* (Louisville: John Knox Press, 1991), 36～41.

5 Seow Choon-Leong, *Ecclesiastes* (New York: Doubleday, 1997), 169～176.

6「永恆」原文是עוֹלָם，〈和合本〉譯作「永生」或「永遠」。

7「河馬」原文是בְּהֵמוֹת，意思是「巨獸」；「鱷魚」原文是לִוְיָתָן，意思是「海怪」。

2 從以賽亞書僕人之歌反思苦難的問題

蔡定邦

一 引言：為何以「僕人之歌」回應苦難問題？

我們都是生活在一個「後現代」的時代。後現代者，是人對現代的反動，對現代劃一化系統從根本作出反對。後現代思維正好與現代相反，提倡個體的重要，尊重他者。後現代的人反對「宏大敘事」(grand narrative)，就是那些以普遍理論來解釋一切現象的嘗試。落在苦難問題的討論上，宏大敘事便變成試圖以大而化之的抽象原則，去一次過解釋義人受苦的神義論式論述，如神藉著苦難使人成長，神作為創造主有絕對的主權去任意擺佈被造物的命運等等；並以為類似的解說可以解釋苦難的存在，讓人覺得答案盡在於此，從而勾銷了苦難的問題。

聖經對苦難問題豈不是有現成的答案？但若然所謂的答案是可以用作解釋苦難的成因，筆者便認為沒有，也不能有。[1] 一般人認為，約伯記便是對苦難問題的最佳答案，可是當我們進到這書的討論時，便會發覺上述的理解實在困難重重。首先，這書該如何解釋已是一個頭痛的問題，全書充滿艱澀的文字，不少更是整本舊約只出現一次的詞彙（*hapax legomena*），[2] 有許多反語（irony），[3] 令人覺得荒謬的言詞（absurdity），[4] 全書甚至有不同意識形態衝突的地方。[5] 因此，筆者懷疑約伯記是否可以用作解決苦難的問題，反之，它可能令整個難題更加撲朔迷離。[6]

故此，筆者便以亡國時期猶太人的特殊處境，當中一些先知傳統如何回應苦難的問題作為我們反思的起點。先知傳統對苦難最獨特的回應，要算是以賽亞書中四首僕人之歌。為何上帝揀選僕人這個形像來回應苦難的問題？面對苦難，在不可言說的上帝面前，人最恰當的回應，是謙卑、默默承受祂所給予的命運，並忠心履行祂的使命，努力幫助其他受苦的人，並進到人羣當中，與他們一起生活、渡過種種艱難。說到底，面對苦難的世界，我們不是去問「為何」（why）？而是「如何」（how）？基於以上原因，筆者嘗試藉著探討以賽亞書中受苦僕人的使命，去反思今天信徒應當如何面對苦難。

二 舊約聖經裏最大的苦難——公元前五八七年亡國的經歷

公元前五八七年發生於耶路撒冷的事件，可說是普世猶太人經歷苦難的起點。原先臣服的猶大王西底家背叛巴比倫，尼布甲尼撒王盛怒下派大軍圍困耶路撒冷，圍城長達一年半，直至城裏彈盡糧絕，餓殍遍野，甚至或有互吃對方兒女的慘劇（參王下六26～29）；最後城門被攻破，西底家慌忙出走，被巴比倫軍追上而飽受酷刑。城破之日，巴比倫軍對耶京大肆破壞，放火焚燒聖殿和王宮，並城中大戶人家的房屋，又把城牆拆毀，將猶大完全暴露在敵人侵襲的危機之下。巴比倫人更將猶大全國的精英悉數擄到巴比倫，使他們不能再次造反，永無翻身之日（以上歷史詳見列王紀下二十五章）。舊約聖經保留不少這個經歷的片段及其後對五八七年事件的回應。先知哈巴谷便有以下親身經歷的回應，對他們所信仰的神提出嚴正的質問：

> 耶和華——我的神，我的聖者啊，你不是從亙古而有嗎？我們必不至死。耶和華啊，你派定他為要刑罰人；磐石啊，你設立他為要懲治人。你眼目清潔，不看邪僻，不看奸惡；行詭詐的，你為何看著不理呢？惡人吞滅比自己公義的，你為何靜默不語呢？（哈一12～13）

而耶利米哀歌便是透過五首結構嚴謹的詩歌，細訴耶路撒冷以至整個民族（以「錫安」為代表）所經歷的悲情，例如：

> 先前滿有人民的城，現在何竟獨坐！先前在列國中為大的，現在竟如寡婦；先前在諸省中為王后的，現在成為進貢的。（哀一1）
> 錫安的路徑因無人來守聖節就悲傷；他的城門淒涼；他的祭司歎息；他的處女受艱難，自己也愁苦。（哀一4）

更慘的是他們認為這災難是上帝發怒的結果：

> 主何竟發怒，使黑雲遮蔽錫安城！他將以色列的華美從天扔在地上；在他發怒的日子並不記念自己的腳凳。（哀二1）
> 主如仇敵吞滅以色列和錫安的一切宮殿，拆毀百姓的保障；在猶大民中加增悲傷哭號。（哀二5）

自此以後，猶太人四散飄零，歷盡寄人籬下的痛苦。因著猶太人至死也不願被人同化，再加上整個種族人數寡少，無權無勢，以致成為一個被人迫害的明顯目標。甚至多個世紀以來有專門針猶太人的所謂「反猶太主義」(anti-Semitism)，其中以當今二次大戰期間由納粹德國一手策劃，並導致六百萬猶太人幾近滅絕的「大屠殺」最為慘烈。[7]

回到舊約聖經，幾個主要的舊約傳統針對五八七年事件有以下的回應：[8]

1. 歷史傳統：亡國是罪有應得，這是以色列人犯罪的結果，整部「申典歷史」(Deuteronomistic History) 也被認為是對以色列國明確而終極的審判；[9]
2. 先知傳統：其中的以賽亞書，尤其是四十至五十五章的四首僕人之歌為代表；
3. 智慧傳統：較超越時空，不像是回應特定的災難事件，而是嘗試解答永恆的人生問題，像苦難、空虛，以約伯記和傳道書為代表。

三 兩首僕人之歌對苦難的回應

1. 以賽亞書中的僕人之歌

德國學者杜姆(Bernhard Duhm)於一八九二年的以賽亞書註釋，首次提出在該書的四十至五十五章可清楚識別四首「上主僕人詩歌」(*Ebed Jahwe Lieder*)，分別為四十二章1至4節、四十九章1至6節、五十章4至11節、五十二章13節至五十三章12節；杜姆進一步認為，這些詩歌很可能是後人在偶然的情況加上去的，與上下文毫無關係。[10] 自此，學者對這四段經文的解釋產生激烈的爭辯，爭論的要點主要關於僕人的身分，並可分為四個主要的看法：一、僕人為一個民族集體的象徵，[11] 指散居列國的猶太人──「以色列」；二、僕人是指一位特定的歷史人物如古列、約雅斤、設巴薩、所羅巴伯、「第二以賽亞」(即以賽亞書四十至五十五章的作者)，或一位無名的先知；三、四段經文其實各有所指，某些為個人，如四十二章1至4節有人提出是用作指古列；某些為集體，如四十九章1至6節或者是關於以色列；四、僕人之歌是對數百年後耶穌基督的預言。四種看法各有根據，筆者並不打算在這裏解決這個異常棘手的問題；[12] 而是透過探討這幾段經文的神學思想，研究當時的猶太人如何面對身處的苦難。

2. 兩首僕人之歌對五八七年事件的回應

A. 第一首僕人之歌（賽四十二 1～4）

整首詩歌有以下清楚的結構：[13]

1上　僕人工作的憑據── 被神揀選和悦納

1下　僕人得靈力的裝備與及上主的任命

2　　　　糾正不純正的動機——不要張揚自己的名聲
3上　　　糾正不純正的動機——幫助真正有需要的人

3下～4上 保證工作得以實現——僕人不會灰心沮喪
4下　　　工作實現的遠景——萬民要等候

按形式以賽亞書四十二章1至9節是上主任命僕人的演辭，藉此向列國宣告僕人的使命，並對其工作的具體要求，[14] 而這一切皆源自僕人樸實無華的生命素質。事實上所謂第一首僕人之歌（賽四十二1～4）與其後的經文（5～9節），是緊密連接，不能分割的，所以我們需要將之連同上下文一併解釋。讓我們先分析僕人與上主的關係。1節的經文最顯著的特徵是重複出現的「我」或「我的」（原文共六次），強調這僕人完全屬於上主。要了解這點，我們需要回到「僕人」（ʿeḇeḏ）在舊約中的一般用法，並據此引申出這詞的神學意義。一般的用法又可分為兩大類：一為臣僕、侍從（liege, servant），是君臣、主僕這些關係中較低等的一方。這角色的特點是忠心，指出僕人完全服從主人的命令。第二類是奴隸（slave），被剝奪自由和權利後，奴隸便成為主人的財產。這角色側重其順服的性格，沒有一己的私見。[15] 我們相信正是因為僕人具有上述的特質，才受到上主的器重和揀選，並得到從上而來的能力，使他能夠完成面前艱鉅的工作。[16] 接著上主論到僕人的生命素質，可分為三方面：他做事的態度謙卑（2節），對被服事人羣的憐憫心腸（3節），與及堅毅不屈的精神（4節上）。這些特質使他能進到苦難的世界，承擔別人的痛苦。

解釋這段經文的關鍵，便是澄清這裏出現三次的「公理」(*mišpāṭ*) 的含義。這是上主交託僕人的使命，他要將公理傳給萬邦 (*mišpāṭ laggôyīm yôṣîʾ*；1節)，他要忠實地將公理傳開 (*leʾĕmeṯ yôṣîʾ mišpāṭ*；3節)，並以堅毅來履行上主交託的使命，直等到他在地上設立公理 (*ʿaḏ-yāśîm bāʾāreṣ mišpāṭ*；4節)。和合本聖經一般將這詞翻譯作「公平」，與「公義」(*ṣəḏāqāʰ*) 的意思相若，但在這裏卻將之譯成「公理」。究竟甚麼是公理？要解決這個問題，我們必須回到這段經文的脈絡，以至整本舊約關於這詞的用法。[17] 讓我們先引用幾段經文，並稍作解釋：

> 因此律法放鬆，公理(*mišpāṭ*)也不顯明；惡人圍困義人，所以公理(*mišpāṭ*)顯然顛倒。耶和華說：你們要向列國中觀看，大大驚奇；因為在你們的時候，我行一件事，雖有人告訴你們，你們總是不信。我必興起迦勒底人，就是那殘忍暴躁之民，通行遍地，佔據那不屬自己的住處。他威武可畏，判斷(*mišpāṭ*)和勢力都任意發出。(哈一4～7)

明顯這段經文所指的「公理」，意思是國際上的公平公義。因著迦勒底人這惡勢力的擴展，公理不張，以致先知哈巴谷感到甚為困惑。

> 雅各啊，你為何說，我的道路向耶和華隱藏？以色列啊，你為何言，我的冤屈(*mišpāṭ*)神並不查問？(賽四十27)

以色列人在被擄的處境埋怨神為何沒有審理他們的冤情。

他與誰商議，誰教導他，誰將公平的路(*ʾōraḥ mišpāṭ*)
指示他？(賽四十14上)

公平的路，便是一條正確的、屬於神的道路。

比肯(Wim Beuken)根據上述最後一段經文，連同其他學者對這詞的解釋，認為「公理」(*mišpāṭ*)在這裏應是指神掌管歷史的作為。[18]而上主僕人的使命，便是去宣告和建立這個嶄新的秩序。整段經文的意思至此已很清楚：上帝呼召這位公義的僕人宣揚祂的公理，要求世間的霸權不再繼續欺淩弱小，進一步尊重弱者的聲音。這完全是因為我們從歷史的進程中清楚看見，上主是一位時刻與無權無勢者同在的上帝。而上主僕人的使命，便是建立他們，扶持他們，以上帝的話語安慰他們。

下文在5至7節繼續交代僕人的具體使命。創天造地，又將生命氣息賜給眾人的上主，就是僕人的主，進一步宣告僕人的使命。從6節我們得知這位按公義來呼召的主，祂必定支持保守僕人的工作，給予他特殊的職分，就是成為「眾民的約」(*bərîṯ ʿām*)，「外邦人的光」(*ʾôr gôyīm*)。之後7節中連串的工作明顯是針對五八七年後被擄以色列人的景況，他們流落異鄉(牢獄／監牢 = 被擄的象徵)，前路茫茫(瞎眼 = 因著流亡而看不見將來)，景況悽然，令人扼腕。但上述兩個平行的職分又當如何解釋呢？「外邦人的光」在四十九章6節的第二首僕人之歌再次出現，[19]大概是指上主僕人成為普世民眾的希望，向陷於絕望景況的人傳講盼望的信息。但甚麼是「眾民的約」呢？和合本將之譯作「眾民的中保」，但這樣卻令這個詞組更難明白。舊約學者現今大多將上帝與人所立的約，理解成祂對世人的責任和承擔。[20] 這種「不平等之約」是聖經的一個非常重要的觀念，因為若然按照世俗契約的標準，由於世人是毀約的一方，他們永遠無法和上帝恢復關係。但從救恩歷史中我們看見，上帝採取主動，祂並沒有因為人背約而將他們滅絕，反而連番施行拯救，一次又一次立約正是祂對人那永不止息的愛 (*ḥeseḏ*) 的表示。[21] 故此，「眾民的約」這個職分是上主給予僕人的特殊使命，代表僕人對世人的承擔，以鍥而不捨的態度來作外邦人的光，去照亮周圍的黑暗。

正是上述的最後一點，讓這首僕人之歌對於今天信徒面對苦難有重要的提示。從上主對僕人的介紹中，我們知道僕人沒有解釋以色列人遭遇亡國甚至被擄的原因，他只是默默地在同鄉中間工作，以謙卑、憐憫的態度，努力不懈的精神，將國破家亡、流散異鄉的痛苦經歷，轉變而成上帝拯救萬民的機會，甚至被賦予特殊的使命，成為「外邦人的光」，作「眾民的約」，將苦難化為祝福。換句話說，僕人並不單停留在「反思」的階段，苦難對他來說，不是一個形而上的問題，而是需要透過實踐與具體關懷憐憫來回應的。他被派往受苦的人羣之中，進到他們的生活，為他們爭取公義，扶持他們，安慰他們，以實際的行動來解決同鄉的苦難。

事實上，連上帝也沒有像神義論者般，為免除自己責任而亟亟替人世間種種的困難提出解答。祂容許苦難出現，又派遣祂眾多的僕人進到人羣當中承擔苦難，最後甚至差派獨生子耶穌基督來到世間，讓祂為世人的罪嘗盡苦杯，甚至被人以莫須有的罪名釘死在十字架上。而傳統上認定為舊約預言耶穌基督受苦的最偉大篇章，便是以賽亞書五十三章。礙於篇幅關係，我們略過第二、第三首，[22] 直接跳到這著名的第四首僕人之歌，從這位受苦僕人的悲慘遭遇，進一步審視我們面對苦難的應有態度。

B.第四首僕人之歌（賽五十二 13～五十三 12）

第四首僕人之歌可說是基督徒其中一段最熟悉的舊約經文，因為按照基督教傳統，這首詩歌極其詳盡地預言耶穌的受苦。有甚麼經文比以下描述更適合在受苦節崇拜中誦讀，藉以紀念為我們受苦的基督？

> 他無佳形美容；我們看見他的時候，也無美貌使我們羨慕他。他被藐視，被人厭棄；多受痛苦，常經憂患。……他被欺壓，在受苦的時候卻不開口；他像羊羔被牽到宰殺之地，又像羊在剪毛的人手下無聲，他也是這樣不開口。（賽五十三2～3、7）

然而，這首詩歌至少寫於距離耶穌出生五百多年前的時間。我們基督徒便通常振振有辭地宣稱，這正是聖經奇妙的地方，它能夠在數百甚至數千年前準確預言事情的發生。但類似的說法一旦成立，一個明顯的困難就是它對於舊約時代的人物便毫無意義了。那為何猶太人願意世世代代保存、抄寫這些對他們了無意義的經文？另外，這種解釋與一貫先知言論是針對當前處境的慣例大相逕庭。我們問，這些彌賽亞預言其實在當時會不會另有所指，而不是基督教傳統上針對耶穌的預言？基於以上的疑問，今天許多學者已經放棄傳統的說法，改為從猶太人在歷史的遭遇，尤其是兩約之間的歷史，去了解這些彌賽亞的預言。[23] 一些保守的學者採取所謂預言的多重應驗模式，理由其實十分牽強。[24] 我們寧願相信新約作者基於不同的歷史情況，而將這些彌賽亞言論重新解釋。[25] 下文當提及第四首僕人之歌有關的經文時，再作進一步說明。

以下為第四首僕人之歌的詳細分段結構：[26]

A 五十二13～15	「我」／上主對僕人的頌詞	
13	上主宣告僕人將要升高	
14～15	兩個矛盾的反應	
	14	許多人為僕人的受苦而吃驚
	15	列國與君王卻為他得高升而閉口
B 五十三1～11上	「我們」／僕人的門徒對老師的歌頌	
1	介紹上主的工作：讓僕人從卑微到升高	
2～11上	僕人從卑微到升高的故事	
	2～6	僕人為別人的過犯而受苦
	2～3	僕人被藐視
	4～6	受苦原是為了我們
	7～8上	僕人為人民的罪行而被罰
	8下	僕人被除滅
	9～10上	僕人被遺忘
	10下～11上	僕人的工作最終得見果效

A’ 五十三11下～12　「我」／上主對僕人的頌詞

11下　僕人最終受到尊敬

12　基礎：僕人將自己的生命傾倒

整段經文是由不同人物，包括上主及一羣自稱為「我們」的人，向這位受苦的僕人作出最後致敬。首尾呼應的是上主的頌詞，這是段落A-A’之中「我」的部分——五十二章13至15節及五十三章11節下至12節〔＝僕人的主對他的稱許〕。值得注意的是，兩段經文除了對僕人所作的極度嘉許之外，兩者的時間觀點皆為一致，它們描寫僕人仍然處於卑微的狀態，卻預見將來的高升。其中互相呼應的兩組動詞分別為五十二章13節的*yaśkîl*⋯(〔看哪！我的僕人〕將要行事順利) *yārûm wəniśśāʾ* (要被大力推舉) *wəgāḇah məʾōḏ* (大力尊崇)；及五十三章10至12節的*yirʾe*^{h}⋯*yaʾărîḵ*⋯*yiṣlāḥ*⋯*yirʾe*^{h} *yiśbāᶜ* (他將要看見〔後裔〕，並要延長〔年日〕，看見〔光明〕，並且滿足) 兩組動詞，且無一例外是未完成式動詞 (*yiqtol*) 及*waw*-完成式動詞 (*wə-qatal*)，皆用作表達將來的時態。先知現在仍然處於卑微，但上主憑藉祂的信實，應許僕人將來必定得見福樂。[27]

中間長篇的敘述是段落B中「我們」的部分—五十三章1至11節上〔＝僕人的門徒對老師的追念〕。在時間上這一大段經文並沒有像首尾二段那麼一致，其中動詞的形式有*waw*-完成式動詞 (*wə-qatal*)：*wayyaᶜal*⋯ *wənehmədēhû* (五十三2；他生長⋯⋯我們羨慕他)，也有分詞 (*qōtēl*)：*niḇze*^{h}⋯ *wîḏûa*^{ᶜ}⋯(五十三3；被藐視⋯⋯ 經歷〔憂患〕)，更多時候是一連串名詞句子。[28] 這段經文的講者是「我們」，所用的時態又極度紛紜，學者們對它的格式皆無一致的看法。[29] 然而，問題並非不能解決，我們只需將整首詩歌看成為一段追悼詞（memorial speech），用作歌頌僕人的偉大人格。主要原因是其中所用的「死」（*māweṯ*;五十三9，12）、「墳墓」（*qeḇer*；五十三9）等字眼，不像是比喻或暗喻，而是描述一位死者的情況。這樣，無論是首尾二段上主對僕人的歌頌（「我」），抑或中間一段從其他人發出的讚歌（「我們」），都是用作表達上主和眾人對這位僕人的歌頌。整個B的部分便是不同門徒對死者的述史，針對僕人受苦以至最後得到「解脫」的描寫，交織著他們對老師的尊敬及內疚的複雜情懷。整篇詩歌的生活處境（*Sitz im Leben*）是眾親友雲集，用作追悼死者、對死者致敬的場合，也就是喪禮。[30] 以下我們嘗試找出從經文而來的一些問題，進一步找出這首詩歌對於整個苦難謎團的貢獻。

按字面，這首詩是關於一羣人論述一位人物的受苦、死亡以至最後勝利。然而，為何無辜的僕人會因他人的罪行而受苦？為何他的受苦卻換來我們的平安？上帝公義的標準在哪裏？而傳統中犯罪與受苦的因果關係被打破，這突破對於我們思考苦難問題有何提示？另外，正如在其他三首僕人之歌，上主對僕人的工作是完全肯定的，但由此卻帶出這首詩歌另一組更大的問題，便是上主似乎故意使僕人受苦（五十三4、6、10），祂是否令僕人受苦的源頭？究竟神對於義人受苦有沒有祂的心意和計劃？若然真的有任何所謂計劃的話，這樣對於受苦的僕人又是否公平？

對於第二組問題，毋庸諱言，這是解釋第四首僕人之歌的最大難題。但似乎從經文的字裏行間，我們找不到任何明顯答案。作者認為上帝在這方面有絕對主權，在這點上，第二以賽亞一節著名的經文已有交代：

> 我造(*yṣr*)光，又造(*brʾ*)暗；我施(*ʿśh*)平安，又降(*brʾ*)災禍；造作(*ʿśh*)這一切的是我耶和華。(賽四十五7)

當中所用的連串動詞：*yṣr*，*brʾ*，*ʿśh*，正是表達上帝創造世界的字眼。原來無論是平安抑或災禍，都是由上帝所一手造成，祂是萬事萬物的源頭，包括人世間一切的苦難。這是上帝的奧祕。既然祂沒有打算交代這個祕密，我們也只有樂於接受，進而去尋找一些我們可以知道的(參申二十九29)。

對於第一組問題，我們可以將焦點集中在「代替性受苦」(vicarious suffering)這個觀念上。這點似乎是第四首僕人之歌的中心思想，也成為日後主耶穌在十架上的寶血能否救贖世人的關鍵。但這個觀念得以成立，我們必須正視以下的問題：一個人犯罪的後果，本質上能否由另一個人承擔？關於這點，西方啟蒙運動哲學家康德便斬釘截鐵地認為不可能，因為罪是屬於一種個人內在的特徵，是不可轉移的。[31]但聖經的作者似乎並不關心類似形而上的問題，從經文的敘述我們知道，僕人確實承擔了別人的罪責、憂患和痛苦，儘管整個過程是聞所未聞，甚至令人難以置信的(五十二15下～五十三1)。但僕人做到了，並得到上主和眾人的稱頌。整首詩歌中不少地方用了一些具有代贖觀念的字眼，茲引述如下：

他誠然擔當(*nāśā*ʾ)我們的憂患(*ḥŏlāyēnû*),背負(*sābal*)我們的痛苦(*makʾōbênû*)……(賽五十三4)

留意這兩句詩歌原文的詞序是1.「我們的憂患」－「他〔強調用的獨立代名詞〕」－「他擔當了」;2.「我們的痛苦」－「他背負了它們」。作者明顯是將他所強調的要點放在第一位置,事實上是每一句詩詞的第一個字,為要使讀者將目光放在這個字上面。[32] 透過這句法的表達,意思相當明確:這是我們本來當受的憂患(因為自己犯罪的緣故?),但卻由他(不是我們)來承擔;這是我們該受的痛苦,卻由他來背負了。

結尾處亦兩次重複了這種句法:

……並且他要擔當(*sābal*)他們的罪孽(*ʿăwōnōṯām*)(賽五十三11)

他卻擔當(*nāśā*ʾ)多人的罪(*ḥēṭ*ʾ*-rabbîm*),…(賽五十三12)

詞序分別為:1.「他們的罪孽」－「他〔獨立代名詞〕」－「他擔當了」;2.「他〔獨立代名詞〕」－「多人的罪」－「他擔當了」。亦表達相同的意思,只是以第三身的角度來描述獲得代贖的人,對照上文提及五十三章4節中,門徒親身的見證。

但整首詩裏用作表達「代替性受苦」這個觀念,最重要而又重複次數最多的,卻是透過一些虛詞的結構以至詞序的變化。以下為一些例子:

哪知他為我們的過犯(*mippəšāʿēnû*)受害,為我們的

罪孽(*mēʿăwōnōṯênû*)壓傷。(賽五十三5上)

當中的「為……我們」(*m*…*nû*)重複了兩次，突顯出僕人所承受的痛苦並不是因為他自己的罪孽，而是完全為了他人的緣故。這種為他人受難，卻不是源於自己的罪孽，當然是基督救贖論的主題。新約作者在講述主耶穌在十架上為世人犧牲的愛，使用頻率最高的便是希臘文片語ὑπὲρ ἡμῶν，「為我們」(羅五8，八31～32、34；弗五2；帖前五10；提前二14；約壹三16)；又或ὑπὲρ ὑμῶν，「為你們」(路二十二19～20；林前十一24；彼前二21)。後者更是基督聖餐言論中一個重要片語。[33]

下半節表達這個相同觀念的，卻是透過一些特殊的句法：

因他受的刑罰，我們得平安；因他受的鞭傷，我們得醫治。(賽五十三5下)

第一句原文詞序是*mûsar šəlômēnû ʿālāyw*，可直譯為「我們平安的責罰是在他身上」，「我們平安的責罰」即原文的*mûsar šəlômēnû*，是一個希伯來文附屬形詞鍊(construct chain)，當中屬格詞*mûsar*是用作表達目的。[34]換句話說，僕人受到如此嚴厲責罰的目的，原來是為了我們的平安，而不是因著自己任何的好處。第二句的表達更為直接：*ḇaḥăḇūrāṯô nirpāʾ-lānû*，「藉著他的傷痕，醫治便臨到我們」，僕人身上的傷痕，奇妙地成為他人的醫治。綜合來說，針對上主僕人的傷害，轉而成為他人的拯救，這是上帝奇妙的工作。另外，受苦僕人本身絕對是無辜的，卻為他人的罪甘願受罰，甚至受死。我們可以將整首詩歌理解成象徵的描述，但若然所指的是真正的死亡，這首詩歌便不可能是受苦僕人所寫，而是他的門徒為他所作的輓歌。

最後，整首詩歌描寫受苦僕人因著上帝而有明天，並相信他的門徒會將其理想發揚光大。五十三章10節便提及僕人將要看見後裔。值得一提的，是這裏的「後裔」是單數(*zeraʿ*)，會不會這又是集體名詞的用法？當我們繼續看下一次出現這字眼的經文，便會發覺這種單數－雙數的轉變是有其特別用意的。在五十四章17節，有以下一句：

> 這是耶和華僕人(*ʿab̲d̲ê yhwh*)的產業，是他們從我所得的義。

奇怪的是這節經文中的「僕人」是眾數，與整部第二以賽亞中，僕人為單數的用法剛好相對。這是甚麼原因？比肯認為這樣做的目的，是以賽亞書的編者為要突顯全書最後一個部分，即那被稱為第三以賽亞的五十六至六十六章的主題：「上主的僕人」(The servants of the Lord)，而將這個主題字眼放在第二以賽亞的結尾，使讀者察覺到這是下個部分的主題。[35] 第四首僕人之歌的主題至此變得很清楚，雖然這位受苦的僕人(單數)最後是死了，但因著他辛勞的工作，他身後有無數的追隨者，他們成了為數更多的僕人(眾數)，跟隨他的腳蹤行，成就那更偉大的工作。主耶穌豈不是以自己的生命來見證這個真理嗎？

> 我實實在在地告訴你們，一粒麥子不落在地裏死了，

仍舊是一粒，若是死了，就結出許多子粒來。（約十二24）

我們相信正是這種前仆後繼的精神，使無論是猶太羣體抑或新約的教會，在困難重重的環境中，仍能不屈不撓地把上主的慈愛向外邦人廣傳。而正是從歷史的發展讓我們看到，許多人物確實是忠心地延續受苦僕人的使命，包括我們的主耶穌基督。[36]

四 總結：「僕人之歌」對於苦難問題的提醒

第四首僕人之歌中僕人的遭遇，明顯是申典歷史「因果報應」觀念的一個例外。按照這個重要的舊約觀念，任何人受到懲罰，都只是因為當事人自己犯錯而承受的苦果。這種希伯來「行善－得福」／「為惡－受禍」的神學觀念，最徹底而一致的當然是申典歷史的神學（deuteronomistic theology；參申命記二十八章中，祝福與咒詛的條件句陳述）。[37] 另外，在中國民間傳統中，亦有「善有善報，惡有惡報」等簡單而清楚的公式，有任何不符合這現象的例外情況出現，仍可解釋為「若還不報，時辰未到」。而佛教中的業力與輪迴，十二因緣、三法印、四聖諦等觀念，將萬事萬物都包在一個密不透風的因果網羅之中，毫無例外。可以說，果報觀念是一種相當普遍的思想，背後假設一位公義的上帝、或菩薩、或天理存在，任何人作了任何事，冥冥中一定會有報應，或者事件本身必然成為之後連串事件的原因。這種因果關係所引申出來的定律，成為一個普遍的道德規範，不能踰越。

然而，義人受苦的現象對這個普世的觀點作出嚴重的挑戰。約伯的三個朋友正是站在傳統因果報應的道德高地上，以果推因來審判他們面前這位遭逢患難的「義人」，他們認為約伯一定是做了些不可告人的壞事，以致上帝要嚴懲這個偽善的罪人。但這個觀點明顯被全書序言中天庭的兩幕劇（伯一6～12，二1～6），與及結尾中上主對三友的斥責（伯四十二7）加以否定。約伯受苦並不是因為他犯了任何罪，也不是其他任何原因。若有甚麼所謂「原因」，大概只是在考驗他對神的忠心與敬虔，並非因為神給了他任何的好處。[38] 而舊約另一卷智慧文學傳道書，正從人生種種荒謬的現象去否定因果的必然性，如世人勞碌得來的，死後卻被一些未曾勞碌的人瓜分（傳二21），不能帶走（傳五15）；從人世間經驗的種種，可見好人和壞人、獻祭的與不獻祭的，他們的結局都是一樣的，那樣為何要行善以至盡上宗教的義務（傳九2～3）？從上述分析可見，因果報應觀固然是以色列一種相當重要的思想，但凡事皆有其應用上的限制，將之變成普遍的教義或真理，而不顧及個別情況便加以應用，這是非常危險的。[39]

從以上對於第一和第四首僕人之歌的討論中，讓我們看見舊約聖經處理苦難問題的一個重要的方法。首先，面對苦難的世界，單是反思並不足夠，反思之後如何生活才是重要。舊約的以色列人並沒有希臘文化中那種對哲學問題進行思辨的能耐；先知傳統強調僕人必須進入人羣，與眾人一起經歷苦難，以實際行動來幫助經歷苦難的人，而不是進行抽象的所謂反思。另外，先知的最基本職責是宣告從上主而來的審判和拯救信息，當人犯罪，變得驕傲自大、目中無神的時候，先知便宣告從上主而來的審判之言，這正是亡國前幾乎所有先知信息的內容；而日後當上帝子民經歷苦難、亡國，以至流徙各地的哀痛，他們終於懂得謙卑悔改，先知便向他們宣講安慰、拯救的信息。教會作為上帝的僕人和先知，除了對罪惡提出嚴正的譴責之外，還需要參與這個受苦的世界，向身處苦難當中的人施與同情之手，延續受苦僕人與及耶穌基督的使命。

縮寫表

AB	Anchor Bible, New York.
BKAT	Biblischer Kommentar Altes Testament, Neukirchen-Vluyn.
BZAW	Beihefte zur Zeitschrift für die alttestamentliche Wissenschaft, Berlin.
EB	Etudes bibliques, Paris.
FAT	Forschungen zum Alten Testament, Tübingen.
HALOT	*Hebrew and Aramaic Lexicon of the Old Testament*, eds. Ludwig Koehler and Walter Baumgartner, Johann Jakob Stamm, Benedikt Hartmann, et al.; trans. and ed. M. E. J. Richardson. 5 Vols. Leiden: Brill, 1994～2000.
HKAT	Handkommentar zum Alten Testament, Göttingen.
IRT	Issues in Religion and Theology, London/Philadelphia, PA.
JBL	*Journal of Biblical Literature*, Atlanta, GA.
JSOTSS	JSOT Supplement Series, Sheffield.
NCBC	New Century Bible Commentary, Grand Rapids, MI.

NIDOTTE	*New International Dictionary of Old Testament Theology and Exegesis*, ed. Willem vanGemeren. Grand Rapids, MI: Zondervan, 1997.
OBT	Overtures to Biblical Theology, Philadelphia, PA/ Minneapolis, MN.
OTL	Old Testament Library, London/ Philadelphia, PA/ Louisville, KY.
POT	De Prediking van het Oude Testament, Nijkerk.
SNN	Studia semitica Neerlandica, Assen.
TB	Theologische Bücherei, München.
TDNT	*Theological Dictionary of the New Testament*, eds. Gerhard Kittel and Gerhard Friedrich, trans. Geoffrey W. Bromiley, 10 Vols. Grand Rapids, MI: Eerdmans, 1964～1976.
TDOT	*Theological Dictionary of the Old Testament*. Eds. G. Johannes Botterweck, Helmer Ringgren, Heinz-Josef Fabry. Trans. David E. Green, et al. 14 Vols. (Incompleted). Grand Rapids, MI: Eerdmans, 1977.
TLOT	*Theological Lexicon of the Old Testament*, eds. Ernst Jenni and Claus Westermann; trans. Mark E. Biddle. 3 vols. Peabody, MA: Hendrickson, 1997.
VT	*Vetus Testamentum*, Leiden.

註釋：

1 筆者曾對這個問題另文撰述，參蔡定邦：〈苦難問題答客問(三)〉，《香港神學院院訊》第82期，2005年11～12月。

2 *Hapax legomena* 原為希臘文，或簡稱 *hapax*，現已成為聖經研究的術語，意思是在舊約或新約聖經中只出現一次的希伯來文或希臘文。經過統計，Frederick E. Greenspahn 得出希伯來聖經不同書卷中 *hapax* 出現的比率依次為約伯記，雅歌，箴言，那鴻書，哀歌和哈巴谷書。參 Greenspahn, "The Number and Distribution of *hapax legomena* in Biblical Hebrew," in *VT* 30 (1980) 8～19, 13。現今舊約學者解釋這些 *hapax* 的方法，大多從其可能字根與及烏加列文等與古典希伯來文同屬西北閃族語(Northwest Semitic languages)中的相類詞彙尋找解釋，但明顯研究 *hapax* 較其他希伯來字彙困難，其結果也較難確定。

3 參 Katharine J. Dell, *The Book of Job as Sceptical Literature*, BZAW 197 (Berlin / New York: Walter de Gruyter, 1991); Ting Pong Tsoi, *The Vision of Eliphaz (Job 4, 12～21): An Inquiry into the Irony of Human Life*, Licentiate thesis (Leuven, 1994)；及專文：Jonathan T. P. Tsoi, "The Vision of Eliphaz (Job 4: 12～21)－An Irony of Human Life,"《神學與生活》25 (2002), 155～182。

4 參 Dermot Cox, *The Triumph of Impotence: Job and the Tradition of the Absurd*, Analecta Gregoriana. Series Facultatis Theologiae 212 (Roma: Universita gregoriana, 1978)。

5 參 David Penchansky, *The Betrayal of God: Ideological Conflict in Job*, Literary Currents in Biblical Interpretation (Louisville, KY: WJK Press, 1990). 一個明顯的矛盾，便是序言部分那敬虔並充滿忍耐的約伯(伯一～二章)，與全書詩章部分那怨天尤人、說話充滿苦毒的約伯(伯三～三十一章)；除約伯外，不同人物的言論，無論是屬於三個朋友(伯四～二十五章)、以利戶(伯三十二～三十七章)，甚至是在旋風中顯現的上主(伯三十八1～四十二6)，以至全書的敘事者，哪一位的發言才是對苦難問題的「正確」答案？似乎全書到最後一刻也沒有結論。上帝所惟一肯定的，卻是約伯對上帝的議論(伯四十二7)，而這議論，尤其是在詩章部分，是充斥著對上帝反諷的埋怨。

6 再舉一例，敘事者在最後提出的「大團圓結局」：上帝加倍賜給約伯，讓他擁有的兒女和財產比先前的更多(伯四十二10～17)。這似乎使約伯苦盡甘來，從而證成苦難問題根本不重要。但問題是人世間幾許有如此盡如人意的結尾？而類似的補償能否彌補失去兒女的痛苦，讀者自然心中有數。天庭上約伯的命運成為神和撒但博奕籌碼的一幕，更令人費解。筆者並非完全抹殺約伯記對苦難問題的貢獻，但個人認為這書充其量只能算是中世紀神祕神學家托名狄奧尼修斯(Pseudo-Dionysius；5～6世紀之間)的「否定之路」(*via negativa*)：人不能透過正面的言詞，而只能以「神不是甚麼」來認識上帝。換句話說，作者透過反諷種種對苦難問題的所謂答案，展現一位奧祕的上帝。在這位上帝面前，人最佳的反應是閉口不言（伯四十4），目的是要讀者不去瞎猜苦難的原因與神的作為。

7 西方人稱大屠殺為 Holocaust，是音譯自舊約希臘文〈七十士譯本〉對希伯來文 ***zeḇaḥ***，「燔祭」的翻譯：ὁλοκαύτωμα；現代猶太人則稱大屠殺為 ***shōʼāh***，可直譯為「災難性動亂」。

8 參 Rainer Albertz, *A History of Israelite Religion in the Old Testament Period*, trans. John Bowden, 2 Vols., OTL (London/ Louisville, KY: SCM/ WJK Press, 1994), Vol. II: "From the Exile to the Maccabees", *passim*; Id., *Israel in Exile: the History and Literature of the Sixth Century B.C.E.*, trans. David Green (Atlanta, GA: Society of Biblical Literature, 2003)；與及 Peter R. Ackroyd 在這問題上的經典著作：*Exile and Restoration: A Study of Hebrew Thought of the Sixth Century B.C.*, OTL (Philadelphia: Westminster, 1968), *passim*。

9 「申典歷史」相當於希伯來正典中的「前先知書」部分，包括約書亞記、士師記、撒母耳記、列王紀等四卷書。舊約學者現今普遍認為它們受申命記中「賞善罰惡」的觀念影響，經過一至兩重的編修而成，故具有統一的神學思想。參 Martin Noth, *Deuteronomistic History*, 2nd edition, translation supervised and edited by David J. A. Clines, JSOTSS 15 (Sheffield: JSOT Press, 1991; Ger. orig. 1943); Richard D. Nelson, *The Double Redaction of the Deuteronomistic History*, JSOTSS 18 (Sheffield: JSOT Press, 1981)。

10 參Bernhard Duhm, *Das Buch Jesaia*, HKAT 3/1 (Göttingen: Vandenhoeck & Ruprecht, 1892, 1922[4]), 311. 現今研究以賽亞書的學者大多認為，「僕人之歌」必須按照其上下文才得以充分了解。參 Tryggve N. D. Mettinger, *A Farewell to the Servant Songs: A Critical Examination of an Exegetical Axiom*, trans. Frederick H. Cryer (Lund: CWK Gleerup, 1983)；及 W.A.M. Beuken, *Mišpāṭ : The First Servant Song and its Context*, in *VT* 22 (1972), 1～30。

11 參 H. Wheeler Robinson, *Corporate Personality in Ancient Israel* (Philadelphia, PA: Fortress, 1964)。

12 關於僕人不同身分的詳細討論可參 Christopher R. North, *The Suffering Servant in Deutero-Isaiah* (London: Oxford University Press, 1948, 1956[2]), 6～116；中文資料參房志榮：《舊約導讀——下》，輔大神學叢書40（台北：光啟，1995，1998[2]），頁347～350。筆者認為後書引用法國學者 Pierre-E. Bonnard 的觀點較為可取，即第三立場中視乎每段經文而定的混合解釋（房志榮：《舊約導讀——下》，頁348；參 Pierre-E. Bonnard, *Le second Isaïe: son disciple et leurs éditeurs*, EB [Paris: Gabalda, 1972]；及 Georg Fohrer, *Introduction to the Old Testament*, trans. David Green [Nashville, TN: Abingdon, 1968], 380）。然而，我們也得承認，從四首

僕人之歌的字裏行間，作者或編者似乎沒有打算交代僕人的真正身分，甚至可能是在刻意迴避這個問題，以達致某些文學效果，故整個問題可能永遠無法解答，參 W. M. W. Roth, "The Anonmity of the Suffering Servant," *JBL* 83 (1964), 171～179。

13 這內容結構乃根據 W. A. M. Beuken, *Jesaja, deel IIA*, POT (Nijkerk: Callenbach, 1979), 107. 阿拉伯數目字為該章的節數。

14 在先知文學中類似的格式極為普遍，參 Klaus Baltzer, *Deutero-Isaiah*, trans. Margaret Kohl, Hermeneia (Minneapolis, MN: Augsburg Fortress, 2001), 124f.: "installation speech (presentation saying)"; 引用自 Beuken, *Jesaja, deel IIA, 106*: "*installatierede* (*Präsentationswort*)"，Beuken 以埃及王法老任命約瑟為臣僕的說話作為例子（創四十一41以下）。用現代術語來說，整段經文是僕人的職務說明（job description）。

15 參 *HALOT*, 774f.; H. Ringgren, et al., art. "עָבַד ʿāḇaḏ ...," in *TDOT* 10:376～405; W. Zimmerli, J. Jeremias, art. "παῖς θεοῦ," in *TDNT* 5: 654～717; 及 Eugene Carpenter, art. "עבד," in *NIDOTTE* 3: 304～310。

16 經文中提及的「靈」(רוּחַ) 是先知文學中一個普遍用詞，是代表神的靈力充滿受感的先知、士師及其他領袖，而非指具有位格的聖靈。參 Friedrich Baumgärtel, "Spirit in the OT," κτλ art. "πνεῦμα," in *TDNT* 6: 359～368, 362f.; H.-J. Fabry, "רוּחַ rûaḥ," *TDOT* 13: 365～402, 390～394。社會學家韋伯用作定義政治領袖最重要的能力—「卡理斯瑪」(Charisma)，便是來自希臘文χάρισμα，「屬靈恩賜」，類似以色列的領袖如士師和先知被神的靈力充滿，韋伯的觀念亦追溯自古希臘並普遍人類文化中領袖的特質。參《韋伯作品集》，卷二（廣西：廣西師範大學，2004），頁353～361。

17 以下的解釋主要來自W.A.M. Beuken, *Mišpāṭ: The First Servant Song and its Context*, in VT 22 (1972), 1～30。

18 參 Beuken, *Mišpāṭ: The First Servant Song and its Context*, 9f.；Beuken 引用 Karl Elliger 對這詞在舊約歷史觀的意義的結論〔id., "Der Begriff, Geschichte' bei Deuterojesaja," in his *Kleine Schriften zum Alten Testament*, TB 32 (München: Kaiser, 1966), 199～211, 209f.〕："*ʾōraḥ mišpāṭ* ist ganz konkret der Zusammenhang der Geschichte, noch konkreter: der Gang der Geschichte als Ausdruck der Willensentscheidung Gottes"。Elliger 的最後一句實在發人深省：「歷史的進程是上帝旨意裁決的表現」。

19 還有五十一章4節中意義相仿的「萬民之光」(*ʾôr ʿammîm*)，但那裏是以上主的公理 (*mišpāṭ*) 為「萬民之光」，與四十二章6節及四十九章6節兩處所應用的範疇不同。從略。

20 參 N. R. Whybray, *Isaiah 40～66*, NCBC (Grand Rapids, MI: Eerdmans, 1975), 74～75；另參 Ernst Kutsch 對這觀念的經典著作：*Verheissung und Gesetz: Untersuchungen zum sogenannten "Bund" im Alten Testament*, BZAW 131 (Berlin: de Gruyter, 1973)；與及由他撰寫的辭典條目：

"בְּרִית b^erît obligation," in *TLOT*, 256～265。

21 希伯來文*ḥesed*是另一個與「約」關係密切的字眼，代表神對人那種不離不棄的愛，故有人甚至把它翻譯為「約愛」，或英文的 "lovingkindness"/ "steadfast love"，和合本通常將*ḥesed*譯為「慈愛」。參 Nelson Glueck, *Hesed in the Bible*, trans. Alfred Gottschalk (New York: KTAV, 1975); Katherine D. Sakenfeld, *Faithfulness in Action: Loyalty in Biblical Perspective,* OBT (Philadelphia, PA: Fortress, 1985)。

22 關於這兩首僕人之歌的解釋，請看眾多不同的以賽亞書註釋，並一些較近期著作的書目，例如 Joseph Blenkinsopp, *Isaiah 40～55*, AB 19A (New York: Doubleday, 2000), 297, 317；及 Brevard S. Childs, *Isaiah*, OTL (Louisville, KY: WJK Press, 2001), 380f., 390。

23 Ronald E. Clements, "The Messianic Hope in the Old Testament," in Id., *Old Testament Prophecy: From Oracles to Canon* (Louisville, KY: WJK Press, 1996), 49～61. 這個課題的經典著作是 Sigmund Mowinckel, *He That Comes: The Messiah Concept in the Old Testament and Later Judaism*, trans. G.W. Anderson (Grand Rapids, MI: Eerdmans, 2005; reprinted from the 1956 Oxford edition)，當中我們可以找到這些彌賽亞預言在兩約間猶太人中的歷史處境；關於四首僕人之歌對應當時的解釋，詳見該書第七章，頁187～260，特別是頁234及下。

24 參梁潔瓊：《如何研讀舊約》(台北：校園，1990，1991二刷)，頁80～83。牽強的原因，是一些明明可以從兩約歷史中猶太人的政治處境中，去解釋這些對拯救者的期望，卻硬將它們解釋為針對耶穌的彌賽亞預言，而新約應用在耶穌身上的彌賽亞身分卻是完全非政治性的(如祂多次不願接受人擁立祂為王)。關於預言應驗與否的辯解，參傅理曼著，梁潔瓊譯：《舊約先知書導論》(台北：華神，1986，1997四刷)，頁107～112。

25 舊約與新約的關係是當今聖經研究最熱門並且最複雜的課題。簡單來說，新約作者為了向猶太同鄉證明他們所相信的耶穌，正是舊約一直預言的救主彌賽亞，便援引有關的經文作為佐證，並重新加以解釋。這正是現今解釋第四首僕人之歌的趨勢，參 *The Suffering Servant: Isaiah 53 in Jewish and Christian Sources* (下面註釋27)，留意這書原來德文版的副題是 *Jesaja 53 und seine Wirkungsgeschichte* (「以賽亞書五十三章及其影響的歷史」)，清楚顯示現今普遍學者對這個問題的看法：新約是舊約影響的結果，而非舊約在預言新約。所謂「應驗」只是新約特殊處境下的一種修辭說法而已。這種重新解釋的做法亦非限於新約，其實自舊約一些較後期的書卷／書卷的部分，如以賽亞書後半部、被擄歸回時期的先知書、但以理書，以至兩約間猶太的天啟文學，已經有這種「聖經以內的釋經」(inner biblical exegesis)。這些作品直接或間接援引當時已經具有權威價值的書卷，如已經完成的五經部分，以賽亞書前半部，其他的先知作品等。這個重新解釋的結果，便是新約聖經，尤其是福音書，常常提及舊約的預言「應驗」在今天的結果。參 Michael

A. Fishbane, *Biblical Interpretation in Ancient Israel* (Oxford: Clarendon Press, 1985, reprinted 1988)；張略：〈新約的釋經〉，載於《中國神學研究院期刊》第二十四期(1998)，頁217～238。

26 主要參考自 Claus Westermann, *Isaiah 40～66*, trans. David M.G. Stalker, OTL (Philadelphia: Westminster, 1969), 255f.；及 W.A.M. Beuken, *Jesaja, deel IIB*, POT (Nijkerk: Callenbach, 1983), 197～200。

27 參 Hans-Jürgen Hermisson, "The Fourth Servant Song in the Context of Second Isaiah," in *The Suffering Servant: Isaiah 53 in Jewish and Christian Sources*, ed. Bernd Janowski and Peter Stuhlmacher, trans. Daniel P. Bailey (Grand Rapids, MI: Eerdmans, 2004), 16～47, 31。

28 英文稱之為 nominal clauses, *passim*；即沒有動詞，而由名詞或其他詞類組成的句子。

29 參 Hermisson, "The Fourth Servant Song", 32. J. Begrich 及 R. N. Whybray 都認為整首詩其實是一首感恩詩，歌頌神將僕人升高及釋放，參 J. Begrich, *Studien zu Deuterojesaja*, TB 20 (München: Kaiser, 1963, reprinted from the 1938 edition)，及 R. N. Whybray, *Thanksgiving for a Liberated Prophet: An Interpretation of Isaiah 53*, JSOTSS 4 (Sheffield: Department of Biblical Studies, U. of Sheffield, 1978)。另參不同註釋書關於這首詩歌的文學類型的解釋。

30 其他關於第四首僕人之歌的文學格式，可參 Beuken, *Jesaja, deel IIB*, 192f.。

31 德文為"*unveräußerliches Persönlichkeitsmerkmal*"。參 Immanuel Kant, "Religion within the Boundaries of Mere Reason," in Id., *Religion and Rational Theology*, trans. and ed. A.W. Wood and G. Di Giovanni (New York: Cambridge University Press, 1996), 113; 引自 Bernd Janowski, "He Bore Our Sins: Isaiah 53 and the Drama of Taking Another's Place," in *The Suffering Servant: Isaiah 53 in Jewish and Christian Sources*, 48～74, 50f.. Janowski 歸納整個問題為「主體的不可代替性」(nonrepresentability of the subject)，*Ibid.*, 51，來解釋康德為何認為代贖是不可能的。

32 一般來說古典希伯來文句子的詞序是「動詞 (Verb) －主詞 (Subject) －受詞 (Object)」，即所謂 VSO 的結構。這種句法相當固定，任何離開這個詞序而放在第一位置 (first position) 的字，便成了整句句子的焦點，一般都有強調的意思，或扮演其他不同的功能。這種著重語言的功能多於它們的形式，被稱為「功能語言學」(functional linguistics)。但這方面的研究一直只是集中在散文體上；對於詩歌體的詞序，則相對來說較難捉摸。最近將現代語言學這個觀念應用在希伯來詩歌體上的是一個猶太學者 Michael Rosenbaum，而應用的對象正好是第二以賽亞的詩歌。參 Michael Rosenbaum, *Word-Order Variation in Isaiah 40～55: A Functional Perspective*, SNN 36 (Assen: Van Gorcum, 1997), 73～76。要認識這本書的梗概及對於解釋舊約希伯來詩歌的意義，可另見筆者對這本書的評介：Jonathan T. P. Tsoi, "Review of Michael Rosenbaum, *Word-*

Order Variation in Isaiah 40～55: A Functional Perspective,"《神學與生活》23 (2000), 357～361。

33 進一步詳細的討論可見Harald Riesenfeld, art. "ὑπὲρ," *TDNT* 8: 507～516, esp. 508～512。關於ὑπὲρ ὑμῶν在耶穌聖餐言論中的用法，見Joachim Jeremias, *The Eucharistic Words of Jesus*, trans. Norman Perrin (London/ Philadelphia: SCM/ TPI, 1966, 8th impression, 1990), 166ff.。

34 即genitive of purpose，參*GKC*, § 128*q*；Beuken, *Jesaja, deel IIB*, 218。Beuken進一步舉出聖經中類似用法的例子：賽五十一17；箴十五33。

35 參W.A.M. Beuken, "The Main Theme of Trito-Isaiah: 'The Servants of YHWH'," in *JSOT* 47 (1990), 67～87, 68～75。另參Beuken的學生P.C. Roodenburg於他的論文中有類似的結論：id., *Israël, de knecht en de knechten. Een onderzoek naar de betekenis en de functie van het nomen 'ebed' in Jesaja 40～66* (Amsterdam: Meppel z.j., 1974)。

36 參太十二9～21；路四16～24。主耶穌或者新約作者引用這些以賽亞書的經文，是他們意識到基督是在實現昔日受苦僕人的工作。

37 關於申典歷史的基本觀念，可見Martin Noth的經典著作：*Deuteronomistic History* (Sheffield: JSOT Press, 1991)。申命記的神學影響所及，不單是自約書亞記以至列王紀的「申典歷史」，大部分先知書都有極強的申典歷史的神學觀念。事實上，歷史書和先知書在希伯來正典中本來都屬於「先知書」這個類別，分別是「前先知書」和「後先知書」。

38 參筆者對這個問題的論述：〈約伯敬畏神豈是無故嗎？〉，《香港神學院院訊》第71期（2003年10～11月）。

39 德國學者Klaus Koch便認為，經歷約伯記和傳道書等智慧文學的洗禮，舊約的因果報應觀念變得蕩然無存，參Id., "Is There a Doctrine of Retribution in the Old Testament?" trans. Thomas H. Trapp, in *Theodicy in the Old Testament*, ed. James L. Crenshaw, IRT 4 (London: SPCK/ Philadelphia: Fortress, 1983), pp. 57～87。

3 從啟示錄看苦難與殉道人生

邵樟平

一 引言

每當有巨型的災難發生，信徒總是容易第一時間轉向啟示錄，從中尋找慰藉。由上一個世紀七十年代的伊朗危機，到九十年代的伊拉克危機，再到去年年底南亞發生的巨型海嘯，情況都是一樣。信徒第一時間希望在啟示錄中找出路，看看聖經所預言的末日，是否已經來到。然後，安慰自己一番，認為信徒是在大災難發生前已經被提的一羣，因此，最嚴重的災難或苦難，將與我們無關。

本文想要指出，這一種想法與啟示錄的信息根本是南轅北轍——這是對啟示錄的一大誤解。同時，本文更想指出，啟示錄對信徒面對苦難，提出了一種十分重要的觀點，這是信徒絕對不可忽略的。因為這種看法既能真正安慰苦難者的心靈，並且，亦能提升信徒的生命，幫助他們以堅毅和勇敢來迎接苦難，以及迎向邪惡勢力的挑戰。

二 啟示錄：一本預測末日的書？

「啟示錄如何預言末日來臨？」「啟示錄的預言是否逐步在應驗？」「根據啟示錄的預言，信徒應為末日作怎樣的準備？」諸如此類的問題，似乎一直以來都引起信徒的興趣。而這方面的例證是很多的，因為每隔不多久，便會出現有關於啟示錄的新作，嘗試解釋啟示錄的內容，怎樣具體地逐步應驗，而這些作品的出現便會把信徒這方面的興趣重新挑起。在二十世紀七十年代，有何凌西(Lindsey Hal)撰寫的《曲終人散》，[1]和華爾烏(John F. Walvoord)撰寫的《哈米吉多頓大戰：石油與中東危機》，[2]這兩本書便是從這種角度解釋啟示錄的，它們在當時曾引起過信徒對這個問題的關注。此外，一套名為《末世小說系列》(*Left Behind*)的作品，自九十年代末一直出版到最近才完成，作者是黎曦庭(Tim LaHaye)和曾健時(Jerry B. Jenkins)，他們亦是以這樣的解釋取向，將啟示錄的內容改編成小說，一共寫了十二冊之多。[3]由於這套系列極為暢銷，它在信徒中間所產生的影響肯定會更加廣泛。[4]

不過，這一類的解釋，果真能夠幫助我們正確了解啟示錄嗎？抑或只能做成誤解？它果真能夠顯明書中的信息？抑或只是將信息更加封密呢？這是我們要小心分辨的。在這方面，我們可聽一聽新約學者包衡(Richard Bauckham)的看法。他認為這一類的解釋，將啟示錄看成是一本「預測未來(末日)的書」，**是不合理的**。為何不合理呢？他在《啟示錄神學》一書中作出了清楚說明：「我們已經多次察見啟示錄**並非要預測一連串事件的發生，像是預先把歷史寫下來**。」而這一類的解釋，是「對啟示錄的誤解，在認真和敏銳地研究書中的意象下，**是無法站得住腳的**」。[5]為何這一類的解釋是不合理的呢？我們將會在下面指出它的一些問題。

首先，這種解釋的問題在於它強按**字面**意思來**直解**啟示錄，這是持這類解釋方法者的一貫做法。於是，便會出現有資深牧者把第五號中提到的「臉面好像男人的臉面，頭髮像女人的頭髮」(啟九7～8)，解釋成是六十年代所出現的嬉皮士(hippie)現象；又有人對第六號中提到，「有火、有煙、有硫磺從馬的口中出來」(啟九17)，解作是現代的戰爭武器(預言現代的坦克車)；以及有人將第二號和第二碗提到的「水變血」(啟八8，十六3～4)，解釋成現在的海水污染。[6]

其次，是由按字面意義直解而產生的「末世事件對號入座」的做法。上面提到的字面直解，為對號入座提供很大的方便。我們就以啟示錄中的「七頭十角獸」為例，作為說明。在二十世紀七十年代的這一類作品之中，這隻獸通常會被對號入座為「歐洲共同市場」，因為當時的「共同市場」正在邁向有第十個國家的加入；但是，到二十一世紀初，由於時移世易的關係，對號入座的已變成了聯合國祕書長和安理會的十位成員。[7]這種字面直解，以及隨此而來的對號入座，顯然在信徒中做成混亂，激起無謂的敵意和帶來無理的恐慌。再者，它會讓人覺得解釋聖經甚為兒戲，其結果是荒唐、無知和可笑的。不過，更加嚴重的，是這種解釋方法，會叫人對啟示錄中的一個更重要的信息，視而不見或置若罔聞。

由於這種釋經取向，是將焦點放在確定末日「將怎樣來臨？」和「何時來臨？」之上，而這一類的解經，一般會將當代看成是啟示錄所預言的末日，這樣便將人的注意力引向自身的福樂；當對這種解經作進一步應用時，自然便會落在信徒如何得神保守，進入新天新地，而末世的來臨，便被看成是信徒進入福樂的過渡。最後，**啟示錄的信息便變成了是預言信徒從大災難的苦難中得蒙拯救、化險為夷及免災免難**。

這種閱讀，一方面叫人覺得可笑，但是，同時亦令人感到可悲。因為它一下子將啟示錄作者與原來讀者的真實生活情景全然割斷。本來是有血有肉的啟示錄，立時變得面目蒼白：本來是對讀者生死攸關的金石良言，立時變成了一服不甜不苦的清涼茶。將啟示錄的最主要意思，解釋成末日預測，其實並非在解明啟示錄，而是在封閉啟示錄。啟示錄所蘊含的神學是十分豐富的，其中一個重要的神學，就是它的苦難觀。它是關心(而不是逃避)苦難這個事實，提出了一種「直視苦難」的神學，並且由此引申出一種殉道的信仰人生觀。這種對啟示錄的理解，與上面提到的解釋取向，根本是雲泥之別。在下面，我們便會對啟示錄這方面的苦難觀進行探討。

三 啟示錄與苦難氛圍下的信徒

我們若接受大部分學者的看法，以啟示錄為第一世紀九十年代初寫成的作品，[8]我們便會發現，它所寫給的讀者，正是一羣經歷了三十多年憂患的人。這三十多年間，羅馬局勢動盪不穩，人民在苦難的氛圍下惶恐終日。因此，我們若要了解啟示錄的信息，便先要了解在此書寫作之前的三十年間，羅馬帝國所出現的混亂，以及其外憂內患的情況。

首先，是戰禍的問題。[9]羅馬在六十年代的十年之間，經歷的內外戰爭，竟有四次之多。首先是與帕提亞人(Parthians)的戰爭，在這次戰事中，羅馬受到重創(在六十二年)，此後不敢再向東北擴張。接著，在六十八年和六十九年，羅馬分別在高盧(Gaul) 和日耳曼(Germania) 兩處地方，相繼發生了戰爭。而在同一段時期，六十六至七十年這幾年間，羅馬又要面對猶太人在巴勒斯坦地發動反抗羅馬統治的戰爭。最終，導致羅馬軍隊在七十年，焚毀耶路撒冷城的可悲事件。這十年間由戰爭所帶來的恐慌肯定不少。

除了戰爭之外，在這三十多年中，又先後發生了幾次嚴重的天災。[10] 在六十年代，小亞細亞發生了一次相當嚴重的地震。在這次地震之中，繁榮的老底迦城受到重創，經濟損失慘重。在七十九年，又有維蘇威(Vesuvius) 火山的大爆發，熔岩將整個龐培城，以及附近的城鎮全部淹沒。到九十年代初，全國更發生了嚴重的饑荒，民不聊生。

最後，是羅馬帝國陷入了一段政治十分動盪的時期。[11] 首先，是尼祿王突然在六十八年自殺身亡。接著的幾年間，竟出現了三位君王的更替局面，政局的混亂，可想而知。之後的君王維士帕先(Vespasian) 雖然主政較久，但為期仍不足十年。到他的繼任人提多(Titus) 接任，又以不足三年而終。然後便是在啟示錄寫作時執政的君王豆米仙(Domitian)。豆米仙執政的年日(81～96年) 不短，關於他執政的負面評價，亦不絕於耳。由此可見，政局在這三十多年間，可謂從未安穩過，而生活在其中的百姓，又怎可能活得安心？

從當時的大氣候來看，我們可以知道，對於啟示錄的作者和讀者來說，苦難並不是一件抽象的事情。因為十年的戰事和三十多年的各式天災，以及政局的混亂和不穩，均是他們的真實經歷。苦難就是當時的人生活的氛圍，沒有人可以逃避。當時的人只可以正視苦難的本相，啟示錄的作者和讀者亦是一樣。

四 啟示錄正視信徒的苦難

啟示錄不單是寫給一羣在苦難氛圍下生活的基督徒，它更是寫給一羣正在經歷苦難的基督徒。啟示錄並不是輕輕帶過信徒受苦的問題，相反，苦難明顯是全書的一個主調。全書充斥著與苦難主題相關的字詞，如「患難」、「殺害」和「被殺」等。

1. 信徒經歷患難

啟示錄一章9節首次提到「患難」這個字，是作者約翰講到自己的景況，他是「在耶穌的患難」裏有分的。這裏所講的是他因信仰的緣故被放逐到拔摩海島的事情，是一次由政府而來的逼迫。[12] 在當時，「放逐人到荒島生活，是羅馬常用的一種刑罰」，特別以此來懲罰一些政治犯，「而被放逐的人會喪失公民的權利和所有財產，他能保留的，是僅足以為生的物品」。[13]

除了作者本人正在經歷患難之外，書信的讀者中亦有身陷患難的信徒。在啟示錄二章9至10節，作者便提到士每拿教會的信徒，活在患難中的情況。對於他們因信仰而受到的攻擊，復活的主是知道的；但是，主並沒有救他們逃離患難，而是要他們繼續面對。就如博寧(M. Eugene Boring)所指出的，「患難是基督徒恆常要面對的處境，他們被召，就是要在患難之中作個忠心的見證人」。故此，「這患難並不是某些在將來才發生的特定事件，反之，它在約翰的時候，已經發生了」。[14] 這羣活在患難中的信徒，不單要面對逼迫和攻擊，他們同時要忍受貧窮的熬煉。然而，他們的貧窮畢竟是自招的，因為他們在敵對環境下生活時，並沒有在信仰上作出妥協，[15]故此，他們的敵人便使他們在生活上窮乏。對這樣的一羣信徒，神雖然知道他們的處境，但卻沒有介入他們的處境中，令他們變得不再貧窮，或保護他們不受敵人的攻擊。神並沒有這樣做，而神所做的，只是鼓勵他們繼續忍耐。[16]

啟示錄七章14節再一次提到患難，不過這裏的患難，不只涉及一小部分信徒，而是涉及許許多多的信徒，數目之多，甚至是「沒有人能數過來」的（啟七9）。這許許多多的信徒都要經歷「患難」，並且是「大患難」。不少釋經者認為這個「大患難」，是指到緊接在末日來臨前的患難。[17]這些人「從大患難中出來」，表示他們都經歷過這個在末日發生的患難。故此，信徒要與患難共對，直到末世的來臨。

我們若將以上的經文貫穿起來，便會發現，患難是基督徒的個人、小羣體和整個羣體都要面對的；同時，它亦是基督徒由過去、現在、一直到末日仍要面對的。比士利慕利（Beasley-Murray）對患難所持的理解很有意思：「患難與國度均屬於彌賽亞的模式（路二十四26）。因此，在基督裏，就是經歷這兩者的真實，它使人忍受患難，藉此，便能進入國度。」[18]患難與彌賽亞國度是共生的，凡進入國度的人，都會有患難的標記。故此，患難其實是蘊含於基督教信仰內核中的一種元素，而啟示錄乃是明確地將這種元素顯露出來而已。

2. 信徒經歷被殺

啟示錄不單提到信徒的苦難是要面對患難，更加提到信徒的苦難是要面對被殺害。後者的苦難較之於前者更加具體，亦更加叫人難以承受。但是，啟示錄的作者並不是以一種悲觀或不幸的態度，來論及信徒被殺害的事情。反之，作者是在指出信徒被殺的正面意義，甚或其必要性。

啟示錄中首先提起的，是別迦摩教會中的信徒安提帕被殺的事件(啟二13)。作者稱安提帕是一位「忠心的見證人」。他是怎樣被殺的呢？學者們有兩種不同的看法，有認為他可能是被突發的暴徒襲擊而喪命的，[19]又有認為他是在拒絕作君王敬拜時遇害的。[20]不過，不論他是怎樣被殺，有一點卻十分清晰，就是作者對他的被殺持一種正面的態度。並且，以肯定的態度，去鼓勵那些在安提帕被殺後，「還堅守我的名，沒有棄絕我的道」的信徒。

另一處提到「被殺」的經文，是第六章中當羔羊揭開第五印之後。當時出現的景象是，有為主作見證的被殺之人的靈魂喊叫：「你不審判住地上的人，給我們伸冤，要到幾時呢？」(參啟六9～10)對於這個提問，神的回應卻很特別：「等著一同作僕人的和他們的弟兄也像他們被殺，滿足了數目。」(啟六11)這個回答其實是說：信徒仍要準備好繼續被殺，而且，會有更多的信徒被殺，似乎成了神施行審判的一個條件。有學者便從當時的政治局面來解釋神這個回答的意思。萬斯(Robert H. Mounce)的解釋是：「在尼祿逼迫下的受害者，將會有後繼的人，他們就是一班寧願放棄生命，亦不以豆米仙當作神來敬拜的人。」[21]對於啟示錄來說，為信仰被殺，並非只發生在少數信徒的身上，整體信徒羣體都要為這個經歷的來臨做好準備。信徒並沒有得到可以逃避被殺厄運的應許，反之，他們要準備的，乃是在他們中間會有更多人被殺害。難怪有學者認為，啟示錄「鼓勵殉道的心，乃極之明確」。[22]

啟示錄十一章7節是另一處提到「殺害」的經文。經文在這裏講到有兩個見證人，當他們作完見證之後，就有從無底坑上來的獸，與他們交戰；最後，他們被獸所殺害。要了解這裏的「殺害」與信徒的關係，我們便需要先搞清楚，這兩個與獸交戰的見證人究竟是誰？歷代的解經者提供了很多不同的解釋，情況十分混亂；然而，當代的學者在這個問題上，卻似乎已經達到了一個相當一致的看法：這兩位見證人其實是代表了末世的整個教會。[23] 他們在末世的時候，需要完成的一個重要事奉，就是在敵對的環境中，勇敢為耶穌作見證。他們在作見證時，會遇到很大的阻力，因為有很多人會敵擋他們（啟十一5）。而他們就要像舊約先知以利亞「叫天閉塞不下雨」（啟十一6，比較王上十七1）和摩西「叫水變為血」（啟十一6，比較出七20）一樣，要奮力與他們對抗。不過，他們的結果卻與舊約的兩位人物所遭遇的很不同。摩西和以利亞都是戰爭勝利者；但是，末世作見證的信徒羣體，卻被獸所勝，並且為獸所殺害。我們若參考奧恩（David E. Aune）所提供的解釋，「並且得勝，〔和〕把他們殺了」這一句，看成是一句目的子句，[24] 這就表示，獸由無底坑上來，就是為了要戰勝和殺害這羣作見證的末世信徒。就如比士利慕利所言：「〔神〕容許祂的子民被獸所勝，就如祂容許自己的兒子被羅馬人釘十架一樣。在他們的經歷中，基督的受苦重新活現。」[25] 這裏所表明的，乃是信徒為了完成神所差派的事奉，會勇敢地迎向苦難，就算是被殺害亦在所不計。被殺的苦難，不單不是信徒要逃避的，反是信徒要迎上去的，如比士利慕利所指出的，藉此是要讓「基督的受苦重新活現」在信徒身上。

在不遠的下文，啟示錄再次提到信徒被殺的事情：「所有不拜獸像的人都被殺害。」（啟十三15）這裏的思想，一方面似乎是在接續上面啟示錄十一章7節所提到的，作見證的信徒會被殺害這事情；另一方面，這一節亦指出了信徒就算是只處於一個被動的位置，他們亦要準備面對同樣被殺害的結果。故此，「被殺害」這種苦難，其實亦如患難一樣，已經被看成是信仰的本質了。不論信徒是主動地見證信仰，或是被動地「不拜獸像」，他們亦要預備好遇到這個苦難。

從上面的經文，我們可以看出，啟示錄的作者重視信徒被殺害的經歷。「為何信徒的被殺是重要的呢？」原因很簡單，這是跟隨基督腳蹤的一個表現。在啟示錄中，多次提到基督這羔羊時，都特意加上「曾被殺的」一詞作為形容（啟五6、9、12，十三8）。而同一個詞亦用在信徒的身上（啟六9，十八24）。信徒被殺被看成是自然的事，沒有甚麼值得大驚小怪，這是因為信徒所跟隨的主，亦是一位曾經被殺的主。他既是舊約被殺除罪的羔羊（利十六15～22），又同時是甘心樂意接受宰殺、而默然不語的羔羊（賽五十三7）。對於我們的救主來說，苦難和被殺不是偶然的事，而是他整個事奉的核心及生存的目的。他到世間來，就是為了要受苦，就是為了被殺。因為他如此行，便能將整個人類引進末世的國度。

3. 小結

啟示錄一方面肯定了信徒面對患難和為信仰被殺的事實，另一方面又鼓勵信徒要準備好面對更多的患難和被殺的事件。這是表明信徒要像他們所信的主一樣，要將患難和被殺，看成是他們的事奉及生命的目標，他們的信仰本質就包含了這些苦難的元素——這乃是啟示錄一個十分重要的神學。由此，我們便被引進去思想啟示錄所肯定的一種人生態度，這是我們接下去所總結的。

五 總結：啟示錄提倡一種勇敢面對苦難的殉道人生

把啟示錄中與患難、被殺等觀念緊密相連的，是對信徒身為見證人的身分的重視（啟二13，十一3，十七6）。就如受苦和被殺一樣，信徒所肩負的見證人身分，其實亦是在延續他們的救主作為見證人的身分。由這個見證人的身分，啟示錄便發展出一套殉道的人生觀。

啟示錄有兩次提到耶穌是見證人（啟一5，三14）。在新約中，以這種身分來稱呼耶穌，是較為特別的，因新約的其他作者，並沒有這種做法（「見證人」一詞在新約一共出現了三十五次）。因此，啟示錄提到耶穌的見證人身分時，很可能是要表達一種更深邃的神學思想。

在啟示錄中，當見證人這個身分被提及時，總是與被殺害這一個事實連結起來的（啟二13，十一3～7，十七6）。當書中論到耶穌這個「見證人」時，同時又提到他是「曾被殺的」那一位。啟示錄要表達的是，「見證人」與「被殺」是緊密相連的。就如在使徒行傳中提到，「你的見證人司提反被害流血……」（徒二十二20）一樣。在這裏，司提反的被殺亦與他的見證人身分連在一起。由此，我們便明白到，為何「見證人」這個字的本來意思，在歷史中慢慢被「殉道者」的意思所取代。正如提德（Trites）的研究所指出，「見證人」這個字在意思上經歷了五個階段的轉變：(1) 這個字本來的意思，是指法庭中的見證人；(2) 它被用到在法庭中為信仰作見證而被殺害的人身上；(3) 作見證人包括了預備死亡的意思；(4)「見證人」開始變成「殉道者」的意思；(5)「見證人」的意思失去，只留下了「殉道者」的意思。[26]

正如博寧所留意到的，啟示錄一書中廣泛運用上「見證」／「殉道」的字詞羣組。[27] 這個字詞羣組所表明的重點乃是：縱然要面對死亡的威脅，對真理的見證亦不會放鬆。這些字詞表達了兩方面的事實：一方面，耶穌乃是殉道者的原型；另一方面，信徒的殉道乃是對耶穌這個原型的回應。[28] 從這個角度看，啟示錄所記載的，末世信徒最終能戰勝撒但與二獸，是要付出巨大的代價的，這就是他們的生命——這就是啟示錄所提倡的殉道的人生觀。

米高斯 (J. Ramsey Michaels) 對啟示錄的這種殉道神學作了詳細的論述，亦把這個重要信息講得十分清晰，是以為要認真了解啟示錄的信徒所不能忽略的。[29] 米高斯指出，在啟示錄的內容進入異象部分後 (四章之後)，第一次提到信徒，他們就被描寫成在暴力壓迫下死亡的人 (啟六9～11)。[30] 然後，在七章以十四萬四千所代表的所有信徒，會「從大患難中出來」，似乎是暗示信徒要為信仰殉道。[31] 在往後的幾章經文中 (啟十一，十三，十五章)，將信徒會受到殘暴對待，以及被殺害，作出明確的表達。[32] 然後，信徒的受死，並不是無可奈何的，相反他們是藉著死，去勝過那獸。啟示錄一再提到「聖徒的血」(十六6，十七6，十八24)，乃是要證明他們以死戰勝魔鬼仇敵的事實。[33] 由此可見，殉道神學明顯是啟示錄的重要信息。

米高斯對啟示錄的殉道神學所作的總結很有意思，值得詳細引述，以供信徒深入的反省：

> 就約翰的視域而言，見證人／殉道者(*martyr*)並不是用於那些不幸偶然被殺的人身上的一個專有名詞，它乃是對教會的根本性質和存在的定義……勝利的確是一個主要的主題，不過，勝利卻是要透過如保羅的經驗(林後四10～11)、彼得所教導的(彼前四13)或耶穌所教導的(可八34～35；太二十三12；路十四11)，才能得到。勝利是由苦難和死亡所帶來的。[34]

耶布高連斯(Adela Yarbro Collins)從另一個角度指出，啟示錄中的殉道神學，亦很值得我們細心思想。她提到，信徒在相信基督的時候，已經認定他們有可能因信仰而被殘暴壓迫至死，就如他們可能會被釘十架。[35] 她指出啟示錄的殉道神學，是一種不帶有負面意思的極端主義。信徒為信仰，已經準備好面對殘暴的死亡，這個公開的立場，會成為改造社會的重要動力。她指出：「這種願意去死的心態，有力地對當時的羅馬和當時的文化價值取向，進行嚴厲的批判。」[36]

註釋：

1 何凌西(Lindsey Hal)著，蔣黃心湄譯：《曲終人散》(香港：福音證主協會，1973)；英文原著：Hal Lindsey, *The Late Great Planet Earth* (Grand Rapids: Zondervan, 1970)。

2 約翰．華爾烏(John F. Walvoord)著，吳主光譯：《哈米吉多頓大戰：石油與中東危機》(香港：種籽，1975)；英文原著：John F. Walvoord,

Armageddon : Oil And The Middle East Crisis (Grand Rapids : Zondervan, 1974)。

3 中譯：《末世小說系列》，共12冊（香港：證主，2000～2005）；英文原著：Tim LaHaye and Jerry B. Jenkins, *The Left Behind Book Series*, 12 vols. (Wheaton, Illinois: Tyndale, 1996～2004)。

4 這系列英文原著的總銷量，將近六千萬冊。

5 包衡（Richard Bauckham）著，鄧紹光譯：《啟示錄神學》（香港：基道，2000），頁202，粗體為筆者強調，而譯文稍作修改；英文原著：Richard Bauckham, *The Theology of the Book of Revelation* (Cambridge: CUP, 1993), 149～150。包衡的論據散見全書，不在此贅述。

6 這是筆者親耳聽聞的解釋，具體出處從略。

7 參《末世小說系列》；雖然此系列只是小說，但是，它對啟示錄的理解，顯然是要與世事作出「對號入座」。

8 基於對篇幅和本文要討論的重點的考慮，在此便略去對寫作日期的討論。若讀者對這問題有興趣，可參 Adela Yarbro Collins, *Crisis & Catharsis: The Power of the Apocalypse* (Philadelphia: Westminster, 1984) 一書，此書對這問題作了相當詳細的討論。

9 參 M. Eugene Boring, *Revelation* (Louisville: John Knox Press, 1989), 10。

10 參 Boring, *Revelation*, 10。

11 參 Boring, *Revelation*, 10。

12 參 Boring, *Revelation*, 81。

13 William Barclay, *The Revelation of John, vol. 1: Chapters 1～5*, rev. ed. (Edinburgh: Saint Andrew Press, 1976), 41.

14 Boring, *Revelation*, 91.

15 參 Robert H. Mounce, *The Book of Revelation* (Grand Rapids: Eerdmans, 1977), 92; David Aune, *Revelation 1～5* (Dallas, Texas: Word, 1997), 161。

16 參 G. R. Beasley-Murray, *Revelation*, rev. ed. (Grand Rapids: Eerdmans / London: Marshall, Morgan & Scott, 1978), 81。

17 參 Mounce, *The Book of Revelation*, 173; Beasley-Murray, *Revelation*, 146～147。

18 Beasley-Murray, *Revelation*, 64.

19 參 Beasley-Murray, *Revelation*, 85。

20 參 Mounce, *The Book of Revelation*, 97。

21 Mounce, *The Book of Revelation*, 160.

22 Boring, *Revelation*, 126.

23 有不少當代的釋經者持這種解釋：Robert W. Wall, *Revelation* (Peabody, Massachusetts: Hendrickson, 1991), 144; Boring, *Revelation*, 144～145; Mounce, *The Book of Revelation*, 223; Beasley-Murray, *Revelation*, 176～184提供了相當詳細的釋經討論。

24 參 David Aune, *Revelation 6～16* (Dallas, Texas: Word, 1998), 617。

25 Beasley-Murray, *Revelation*, 185.

26 引自 Aune, *Revelation 1～5*, 185。

27 包括「見證人」、「作見證」和「見證」等。

28 參 Boring, *Revelation*, 144～145。

29 參 J. Ramsey Michaels, *Interpreting the Book of Revelation* (Grand Rapids: Baker, 1992), 133～137。

30 參 Michaels, *Interpreting the Book of Revelation*, 134。

31 參 Michaels, *Interpreting the Book of Revelation*, 134～135。

32 參 Michaels, *Interpreting the Book of Revelation*, 135。

33 參 Michaels, *Interpreting the Book of Revelation*, 135～136。

34 Michaels, *Interpreting the Book of Revelation*, 137.

35 參 Yarbro Collins, *Crisis & Catharsis*, 128。

36 Yarbro Collins, *Crisis & Catharsis*, 129.

文化及神學篇

4

苦難與超越：中國文化超越苦難的智慧

蘇遠泰

一 導言：神義論與中國文化的智慧

1. 苦難與神義論

我們知道世間有苦難，每個人均經歷過大大小小的苦難，無人能倖免。但人面對苦難的態度各異，有人呼天搶地，有人默默承受，更有人在苦難中察驗何謂美善，體驗世間的真實面相，或感受創造主的看顧，不一而足。

當基督徒面對苦難時，往往比其他宗教的信徒更難解説，因基督宗教所信仰的上帝被認為是既慈愛又公義的，且是全智全能，但為何慈愛與全能的上帝會容許苦難發生呢？西方基督宗教的「神義論」(theodicy)，正是要在一個充滿苦難的世界裏，以理性來維護全能、慈愛的上帝的公義。

但不少人對「神義論」的成效深表懷疑，認為理性在解答為何上帝容許苦難之類的問題上顯得心有餘而力不足，更可能回答了一些質詢，卻同時產生更多的問題。試舉一個例：

在神義論中，往往認為上帝為了成就某些「特別原因」，或說「更高的理想」／「更大的善」，因而容許苦難的存在。假如沒有惡的存在，我們便不能學懂道德（因為有敗德的事存在）、無私（因為有貪污存在）、勇氣（因為有日本侵華）、憐憫（因為有受苦的人），而這些都是人類很重要的德行。

這看似回答了上帝為何容許苦難存在，但卻引申了可能是更嚴重的問題出現。例如以上的觀念大有扭曲善惡的標準：從神義論者的回答看，反映惡有其存在的價值（使人的生命可以提升，和促成一個更美好的世界出現），那末，惡就根本不是惡了，惡反而是善的一種！如此，在嚴格意義上，善惡根本就不是事物的品質了。正如牛津大學哲學系教授麥基（J. L. Mackie）所言，從邏輯來說，通過小惡的存在，使小善變為大善，犯了無限上溯的謬誤。[1]他的推論可以總結如下：

i. 設上帝創造善（1）（例如：快樂、幸福），對應有惡（1）（例如：不幸）
ii. 惡（1）的存在為要成就更大的善（2）（例如：善良的心、勇氣）
iii. 但善（2）的存在馬上產生惡（2）的存在（例如：不善良、無勇氣），正如奧古斯丁所說，惡是善的缺欠
iv. 如此，為了解釋惡（2）的存在，我們便需要說惡（2）的存在是為了達到善（3）
v. 但同理，善（3）的存在又馬上產生惡（3）的存在（善（3）的缺欠）
vi. 因此，便需要有善（4）－惡（4）、善（5）－惡（5）……，結果是無限上溯！

筆者十分欣賞神義論的努力，除了因為它包含了歷代基督徒中的愛心牧者和聰明絕頂的智者和學者，花盡腦筋在理性上回應苦難的問題外，還因為神義論確實回答了一些苦難所引發的問題——雖然答案並不完全，但卻可以成為暫時、可行的回應，亦作為我們日後繼續「還苦難一個答案」時的基礎（不論你是贊成還是反對它）。[2]何況，在現實世界裏，有些人並不一定需要一個對苦難完全無懈可擊的回覆，只需要「有答案」，用來平靜、安慰受傷的心靈就足夠了。

但說到底，理性始終有限，尤其面對赤裸裸的苦難經歷時，理性的回覆未能道盡生命的煎熬和無奈，未能叫受苦者折服在冷冰冰的理性及邏輯推理中。神義論有一定的價值，但對正在經歷苦難、又不願接受全能又慈愛的上帝允許世間有苦難的人來說，可能仍有所不足。雖然這並非神義論之罪，但亦促使我們嘗試通過中國文化中的智慧來更深了解和體會苦難的弔詭性。

2. 中國文化的智慧

早在一九八〇年，基督徒學者梁燕城從西方神義論的角度撰寫了《苦罪懸迷》一書，從理性的角度辯說苦難的意義，其中最為特色的是引進了中國儒家思想回應苦難的睿智，例如由孟子的「存其心養其性」的成德歷程，直到近代新儒家大師唐君毅對生命的深度體驗，帶出苦難的積極意義，就是「由痛苦更使人發現了他人的存在，而能有悲憫與同情等人性至高光輝的流露。」[3]梁燕城的貢獻，正是在西方浩瀚的神義論理論中，引介了中國儒家思想在面對苦難的問題時，那種透察苦難的人生智慧。

在梁燕城筆下的儒家思想對苦難的回應，與西方神義論有不少類同之處，尤其在人性的污濁來自天理的流失，及苦難可以提升個人生命等論點上，像是奧古斯丁和愛任紐思想的中國版本——這多少反映中西方哲學仍有某些共通之處。雖然儒家提倡的道德形上學在苦難中可以提供人生猛進的精神支柱，但究竟未能對苦難的經歷作更深入的反省。正如曾受業於當代新儒家大師(唐君毅、牟宗三、勞思光)、又病痛纏身的前浸會大學教授吳汝鈞所言：

> 不過，我對人生的負面有極其濃烈的感受，在我看來，人生來是受苦難的，在苦難中磨煉自己，使自己堅強起來。儒家對人生的負面的探究，不能滿足我在這方面的濃烈訴求。光是說「克己復禮」是不足的，這個己，倘若以私欲、私念來說，顯然涵蓋性太窄，不足以盡人生苦難的全幅領域。[4]

其實，論到對苦難有深刻反省者，莫過於佛家的思想。在中國文化內的儒、佛、道三大傳統中，佛家起源於苦難眾多的古印度，那裏除了物質的缺乏外，種姓的制度(即婆羅門、剎帝利、吠舍、首陀羅，也就是僧侶、武士、庶民、賤民四種姓)更為貧窮的社會增添不公義與不平等。相傳佛祖(佛陀)釋迦牟尼生在貴族之家，看見世間的苦難，百思不得其解，因而踏上修行之途，經歷六年的追尋，終於在菩提樹下悟出世間的實相，從而通達世間事物(包括苦難)皆空，不過是人的妄念執取以為實有，未知我空法空所至。[5]

一位曾經患癌症的女佛教徒，通過佛教的修持來面對治療所帶來的身心靈痛苦時說：

> 佛教的修持並不能使你免於任何事物，不能保護我們不去遭遇到生老病死。這個教法只是要我們的心柔軟，敞開胸懷去面對所有的境遇。[6]

佛教在面對苦難時呈現一種智慧，就是叫人接受苦難的遍在性，但又否定苦難的必然性，叫人猛進，亦開導出苦難對人生的積極意義。雖然佛教論説苦難的理論從中西方哲學的角度看未必是獨一無二的，但無疑可說是一種引領世人超越苦難的智慧，尤其是中國佛教天台宗所提出的善惡相即的理論。本文往後部分嘗試從一個基督徒的角度思考苦難的課題，方法是參考中國佛教如何處理苦難的智慧。基督徒自然未必會接受佛教的世界觀(例如輪迴)和拯救觀(例如以八正道為解脱之門)，但卻可以思考佛教對世界苦難的分析，從而反思基督徒在面對苦難時，其中一個可以選擇的出路。誠然，筆者的觀點可能只適合某些人的處境，筆者亦只希望能切合一些弟兄姊妹的需要，而絕無野心要找出所有基督徒均滿意、又放諸四海皆準的答案。到底，人是否開放自己來面對苦難、超越苦難，是個體的自由選擇。但既然苦難不可免，為何不嘗試從積極的一面來生活呢？

二 有漏皆苦：苦難的普遍性

按傳統基督宗教的理解，因人犯了罪，特別是始祖犯罪，世界被咒詛，苦難亦隨之而來。按此解釋，當這個世界仍有罪惡時，苦難是不可避免的。可能是基於罪的緣故，世界的結構和人心的活動常常產生我們不喜歡、甚至是痛苦的事情。例如地震和所引發的海嘯，叫不少人喪掉生命及無家可歸——這屬於自然的天災；另外，人禍是苦難的另一個源頭，例如有時你的存在，可能已構成別人的痛苦。立心不良要害人的固然如此，無心害人的也在不知不覺間叫人受苦。例如在早前的電視劇集《大長今》中，良善的長今的存在，已構成不少人產生痛苦，例如妒忌、不安等等。

中國文化內同樣呈現不少世間皆苦的表達，例如曾有中國僧人說，中文字「苦」正是描繪人的面容：草字頭是眼眉，「十」似是兩眼和鼻子，「口」則是人的嘴巴。[7]當然這並非基於字源學的研究，但多少反映當中國僧人看見別人的面容時，總容易感到對方滿臉愁容。又例如，在中國地方宗教（一般稱民間宗教）的求籤問吉凶的事上，原來上中下三等的簽文數目並非平均，中下簽的較多。像香港流行的黃大仙簽中分九等，上上簽佔四枝，上吉十一，上中一，中上一，中吉二十二，中平十六，中下十三，下一，下上一，下下三十。[8]在一百簽中，上簽只有十六枝，中簽五十二，下簽三十二。多少反映中國人在求問鬼神時，心裏仍覺得平平穩穩或是凶兆，遠多於吉兆，所謂「不如意事十常八九」，尤其表現在數量上最多的是最不吉利的下下簽。[9]

分析世間苦難最透徹的宗教，要算是佛教。佛教認為苦根本就是人世間的常態，人生存於此世，豈可以免除苦難呢？肯定苦難的遍在性，並且揭示苦難的原因，從而透悟生命的本質，開展出如何使人走向理想的生命境界（佛教稱之為涅槃），正是原始佛教所追尋的。因此，我們可以把佛教看為一種解脫生命無奈的人生哲學，從而嘗試學習和體會眾多佛教的智者(特別是釋迦牟尼和中國天台宗的智顗大師)所倡導的智慧之言。

讓我們從佛教的「四聖諦」說起。「諦」一字在佛教中即「真理」的意思，「聖諦」即神聖、尊貴的真理。佛教認為可以四個神聖的真理來說明人世間的種種現象，這四個真理分別是苦、集、滅、道。為了對應我們的課題，亦為了叫基督徒可以明白佛教對世界的觀察和分析，筆者在此僅討論苦、集兩諦，目的是通過佛教的智慧，幫助我們透析苦難的普遍性及其根源。

1. 苦諦

佛教認為眾生的生命均是苦的，人生有許多不同的痛苦經歷，包括肉體的痛苦(飢餓、疼痛、衰弱)和心靈的痛苦(煩惱、不安、困惑)。其中，較有名的是把人間的痛苦分為八種(八苦)：

生：人是在痛苦之中誕生的，亦從此開始經歷大大小小的痛苦；
老：人漸老，氣虛體弱，頭白齒落，壯盛不再；
病：身病叫人痛，心病叫人憂；
死：生命的否定和取消，莫大的痛苦；
怨憎會：不欲相遇的人卻偏偏聚集，甚至被迫聯結；
愛別離：與自己喜歡的人偏偏要分離；
求不得：欲望不能得到滿足，落空之時產生悲痛；

> 五取蘊：執著、貪戀身心(即佛教所說的色、受、想、行、識，稱為五蘊)而產生的煎熬。

前四種的苦是人生必經的階段，無一人可倖免(根據聖經記載，以諾和以利亞均被上帝接去〔創五24；王下二11〕，好像只有他倆沒有經歷死亡)；跟著兩種的苦是人類羣居後的必然結果，尤其是與深愛的人離別(例如死亡、移民)，更叫人痛苦萬分；最後兩種的苦則是出於人自身的存在，基於貪欲與執著的緣故，產生無限的痛苦，可說是八苦的總根源。[10]

「五取蘊苦」所告訴我們的是，生命本身就藏有痛苦的種子，正是「人之大患，莫若有身」。[11]這揭示一種洞見，就是佛教在觀察世間現實的種種面相後，得出「一切皆苦」或「有漏皆苦」的結論。[12]既然苦是生命的常態，有甚麼理由基督徒可以豁免呢？當我們相信世人均是上帝所創造的有限之物時，人欲無限，但能力、資源、時間等等均屬有限，如此必然帶來痛苦。但從另一角度看，人這種局限性所引發的苦難，正如方立天所說，可能是：

> 反映人類對於幸運、自由、永恆、無限的渴望、追求，以及對痛苦、死亡、短暫、有限的悲唱、哀歎，這也是人類在無限的宇宙和永恆的歷史長河面前，對人的短暫、渺小的省悟、悵惘。[13]

面對宇宙間的悲情和生命中的苦難，人從心裏產生一種內省，叫人知道人不過是人，是受造之物，人不是、也不可能是上帝。人努力追求掙脫苦難，不欲接受苦難，殊不知苦難原是我們生命裏的結構和內容。佛教的苦諦正正告訴我們苦難是世間的實相，甚至可說是人之為人的特質，是人的存有的一部分。由此推論，人世間第一大苦，可能正是人欲脫離苦難但求不得之苦了！

2. 集諦

集諦講論的是探求苦難的原因和根源，指出苦難是由眾多的因緣條件集合而成。釋迦牟尼觀察苦難的種種後，尋找為何世間充滿苦難，提出他的「因緣說」，即通過因果的關係，解釋苦難的成因。有果必有因，既然苦果是常存的，世人便應層層追溯導致苦難的原因，直至尋索最後的根源。其中，大乘佛教提出「十二因緣」說。

佛教以為人有苦是因人有自我或自我意識，執取自我以為是實在的、真實的（即五取蘊苦的原因），不知世間萬物（包括人）均沒有必然存在的根源，佛教稱為「自性」。人是沒有自性的，即並不存在構成人必然存在的東西，人之所以存在，不過是許多因緣條件湊合而成。但為何人總以為自我是真實的呢？追溯自我產生的過程，內中有十二個環節，即十二因緣：

老死←生←有←取←愛←受←觸←六入←名色←識←行←無明

這十二個環節猶如一鏈鎖，後一階段是前一階段的因。我們無須深究每一階段的細節，內中的剖析及涉及的世界觀，亦未必為基督徒所接受。[14]但有一點是值得我們參考的，就是因緣法的肯定：佛教的基本教理是事物均無自性，我法皆空，事物是由因緣和合而成，即事物的存在不過是主因和助緣等等條件在一定的時空下所組成的東西，沒有必然性。佛教説因為我們執著於感情和經驗，更因著我們的無知(即無明)，執著於眾生和世間的事物，試圖在變動不居的世界裏找尋常住不變的事物，所以我們創造了我們的苦。其實，老死和生，苦難和幸福，同樣沒有自性！

説苦難無自性，可能要稍微停下來解釋清楚。這裏並不表示苦難是虛幻、不真實的。正如我們之前一直所強調的，苦難是生命的常態，是最真實不過之事，企圖否定苦難的存在才是最大的苦難。説苦難無自性並不代表苦難不存在，苦難是確確實實存在於世間的，但它的存在並不因為有某些叫它必然存在的東西。佛教説苦難也是空，即苦難沒有自性，它不過是一種「假名」。「假」不是真假的假，而是假借的假。苦難並沒有必然存在的因，但它又確實存在世間，只是它的存在不過是合適的主因和助緣聚集在一起所至，因此假借「苦難」一詞來講論之。[15]

佛教説無常和現象遷流，故此認為生死流轉是很自然的事。苦難是存在的，但苦難亦不過是因緣和合而成，沒有常住不變性。例如對很多人來説，失戀是痛苦之事，但失戀並非必然，只是由於種種的原因所導致。今次失戀，並不代表下次同樣失戀。因此，苦難是可以超越的。説苦難是可以超越的，不是回到逃避苦難的老路去，而是在苦難的現實中，如何與苦難同在，承認苦難的遍在性(苦諦)；但又同時不認為苦難有甚麼了不起，它亦不過是偶然地存在於現實世界裏，沒有必然存在的原因(集諦)，故此是可以克勝的。正如之前提及的那位與癌魔搏鬥的佛教女士經歷苦難的掙扎後所說：

> 佛教的修持要我們安住於每個現起的經驗，即使那是痛苦或恐懼，為的是要穿透這些感覺，徹底地觀照他們，陪著他們，忠於我們生命的現實世界。其目的是要了了分明所有在存在元素極為微細的因緣和合，以體會現象無始無終的遷流不息。當我們能夠這麼做的時候，便可以更加開闊，也更能接受我們的處境。[16]

既然苦難是無自性，因而苦難是可以超越的；既然連幸福也是無自性，苦難和幸福皆是空，不過是世人的主觀感受。當然苦是真的苦，樂是真的樂，我們不能、也不應否定苦與樂之間的差異。但原來從佛教的本體層次看，苦與樂都不過是偶然湊合之事，我們總想離苦逐樂的妄求，才是最大的痛苦。

三 相即的智慧：美善不離苦難

當我們肯定苦與樂只不過是人生必有和常有的事情時，我們便可以從一種平常心的態度來看待苦難，至少可以有兩方面的反省：一、苦難是人生必有的，既然我有別人也有，當我們遇到苦難時，「何必偏偏選中我」之類的怨言便可以減少。二、既然苦與樂都是偶然之物，均是人必遇見之事，為何我們總想離苦逐樂呢？以為離苦逐樂才是常態呢？

不少宗教認為把真理(Truth)／真實(Reality)分化為二，明顯是破壞了真理／真實是「一」的本相，例如佛教的禪宗就著重真理／真實是絕對的「一」，非概念所能掌握，從而質疑語言文字可以使人透析真理的能力。[17]但從知識論的角度看，我們又需要以一種二元的概念(duality)來掌握事物，例如高矮、肥瘦、遠近、聖俗、美醜、善惡等等，這是無可厚非的。筆者以為，採二元的角度來認識事物實屬平常，只要我們不是以一種二元對立(dualism)的立場來先驗地判析好壞。文字、語言、概念等等分辨事物的工具，是我們認識世界所必須的。正如在佛教的理論中，亦把真理分為勝義諦(超越的真理)和世俗諦(現象界的真理)兩個面相，兩者缺一不可。[18]

如此正反映一種大乘佛教普渡眾生的精神。大乘佛教中同樣以二元方法分別世間與涅槃，生死與菩提，苦難與美善，但中國大乘佛教的精神就是不捨世間而超脱苦難，正如不少大乘佛經所云：「不斷煩惱，而入涅槃」、「菩薩於生死而不捨」、「但除其病，而不除法」，都是表達不捨世間的態度。[19]其中，早在印度的中觀學派中，就提出：

> 涅槃與世間，無有少分別，世間與涅槃，亦無少分別。
> 涅槃之實際，及與世間際，如是二際者，無毫釐差別。[20]

按我們一般的理解，往往以二元對立的態度認為要除卻世間的煩惱，就需要遠離世間，才可以獲得解脱，進到沒有苦難又常樂我淨的境界去(即涅槃)。但《中論》的作者龍樹指出，從實踐的工夫上説，涅槃的邊際與世間的邊際是重疊的，我們不能離開世間的事物來成就涅槃的境界；反而應從現實的不理想環境入手，把屬於污染的世間事物，轉化為清淨的涅槃境界。[21]

何況，這個可以產生／必然產生苦難的世界，有時是我們很想永遠擁抱的。例如：男女之間的感情往往是苦難的源頭：失戀、單戀、苦戀……，都是苦到刻骨銘心的。但我們又可能反對上帝取消男女感情之事的，正如有某位太太問她的丈夫：「如果他日在永恆新天新地裏沒有了男女之間的愛情，我豈非不是你太太嗎？」在永恆裏沒有了男女的愛情，在那位太太心中可能是一件頂痛苦的事，她會選擇寧願冒整個人類有失戀、單戀、苦戀……的痛苦，而選擇繼續有男女的愛情。丈夫亦然。

讓我們在此以佛教中的「相即」觀念再加以思考。在《維摩經》中有云：

> 煩惱即菩提，生死即涅槃。

從字面意思看以上的句子是不可解的，因煩惱和生死代表現實、衰敗、污染，而菩提和涅槃代表理想、生機、清淨，兩組的意義絕不相同。但中國佛教天台宗被牟宗三判為佛教最高最圓，正正因為天台宗主張：

> ……成佛必即於九法界之任何一法而成佛，此即佛之即眾生而為佛也。[22]

在此，「即」一字並非「等同」之意，而是「不離」的意思，代表要達到菩提、涅槃的境界是不可能離開煩惱、生死的處境。

因此在此處的煩惱、生死、菩提、涅槃是採外延的意義(extensional meaning)，而非內涵的意義(intensional meaning)。天台宗更借此發揮，指出佛之成佛不是離開世間或其他境界(所謂九法界)，而是不離眾生的苦難，並在此苦難的世界實踐成佛的操練。而天台宗最大的特點是，甚至主張佛並沒有斷惡性而成佛，即佛性中仍有惡性，只是佛並不為惡性所困所主宰，超越惡性而證悟真諦。[23]

方立天亦指出，天台宗主張一切煩惱既可以叫人沉淪，但亦同時可以叫人高升，是沉淪或是高升，全看世人當下的回應，覺悟便可成佛，迷執仍困於眾生。因此，煩惱可以成為一種契機，成為人尋求解脫、覺悟的動力，正如方立天說：

> 沒有惡，沒有惡的轉化，就沒有善。從這個意義上說，善惡是相即的。[24]

所謂善惡是相即的，並不表示善惡等同，把一切道德標準廢掉；而是指善惡不離，沒有善亦不能有惡，而從實踐的角度看，惡可以把人引向善的追求，這亦正是我們看善惡相即的重點。

把相即的觀念應用在苦難的問題上，我們可以說苦難與美善是相即不離的，既然苦難是沒有自性的，不會恆常不變，因此我們無須存有一種要徹底消滅苦難，把它除之而後快的錯誤期盼(false hope)。因它沒有自性，因而也不會恆常不變地構成我們在生活上的障礙。正如吳汝鈞所言，我們不一定在態度上要把苦難看成是敵人，與它持一種對抗(confrontation)的關係；反之，我們可以視苦難為朋友，藉著苦難來培養我們的耐性，並強化我們的忍受能力，以至增加或促發我們愛別人的心。[25]這種把苦難看為朋友，和它們協調的想法，並非匪夷所思，當心裏不再把苦難看為必然要把它打敗的敵人時，苦難所引發的擔子亦隨之而減輕，我們便可以逐漸地培養忍耐和承受能力，也引發對他人的同情，從而去愛一些與我們一樣同受苦難的人，包括朋友和敵人。我們的生命便藉此得以提升，由憎恨轉化為仁愛，由狹隘轉化為包容。吳汝鈞說：

> 苦與罪並不必然要被捨滅，無寧是，當它們被克服、被超越和在你控制之下，便能弔詭地和有效應地為你服務。正面的東西可以生自表面完全是負面的東西。[26]

苦難與美善的相即亦是天台宗所強調的「不斷斷」：不是要消除苦難及惡事（不斷），只要克服它，超越它，不讓它影響整個人（頂多是對人有局部的影響），甚至是反過來善巧地運用或使用它，使苦難成為一種方便的工具，如能加以運用，幫助人生命更趨成長和成聖，趨向美善的發展（斷），對苦難作一種不斷絕的斷絕。[27]

四 殉道士的喜樂

苦難和美善相即的道理，其實在基督宗教內亦不難發現。苦難固然可以消磨一個信徒的心志，叫他質疑上帝的公義、慈愛或能力；但苦難同時可以叫基督徒發出讚美和感恩，更順服上帝的主權。苦難的範圍不單與讚美的範圍重疊（例如戀愛，得戀讚美上帝，但失戀是極沉重的苦難），向上帝發出讚美也往往通過苦難而彰顯，並得以完全。例如筆者認識一個主內肢體，他年輕時已患有重病，苦痛終日相伴，再加上種種的原因，使他未能事奉上帝。當他向筆者分享能夠在主日崇拜中負責操作電腦及投影機，他心裏已萬分感恩時，筆者便明白苦難雖然折磨他，但卻同時叫他珍惜每一個事奉上主的機會。雖然只是簡單地以手指按動電腦上的鍵盤，但在他心裏的感恩程度，絕不遜色於傳道者在講臺的證道，教筆者體會苦難如何與感恩相即。當一個信徒可以超越苦難所帶來的痛苦，回歸於上帝那怕看來是少恩少惠的愛眷之內，我們就會發現苦難反過來讓人的屬靈生命有更新的可能，至少教筆者在往後同樣看重任何一個事奉的崗位，以感恩的心來踐行那怕是（看似）最微小的事奉。

假如要說下去，還有許多這樣的見證。筆者在此欲舉初期教會的殉道士坡旅甲（Polycarp，約70～155年）為例，以表明苦難和感恩相即，苦難如何可以有積極的意義。根據一封當時士每拿教會寫給斐羅美倫教會的信中，表達坡旅甲的殉道雖然是一個苦難，但卻同時是一件感恩、榮耀的事情。書內論到坡旅甲的不幸遭遇時，往往同時伴隨著美善的詞彙，例如坡旅甲是「殉道者和**有福的**」，又有一種「與**福音**符合的殉道」，信徒因「**遵從上帝旨意**而發生的殉道，都是**有福而尊榮**的」，又信徒「**光榮地**和眾多野獸作戰」。[28]以上的描述，均把苦難與榮耀相即。雖然信徒（特別是坡旅甲）面對殘酷的迫害（例如與野獸搏鬥、被燒），但從信仰的角度看，這些苦難都可以叫信徒堅守信仰，並以榮耀的姿態，不怕苦難加諸於肉身和心靈的痛苦，勝過種種的逼迫，成就上帝要他們所作的見證——苦難連結榮耀，相即不離。

文中更記載當羅馬總督催促坡旅甲要咒罵基督，否則把他燒死時，坡旅甲被描寫為面容不單沒有懼怕，還露出充滿恩典的神情，反倒是總督驚異起來。按常理，被審判者理應是軟弱、被動者，但在傳記的描述裏，軟弱、被動、驚慌的卻是審判者。而坡旅甲在面對火刑的苦難時，雖然確實逃避不了這痛苦，但我們可以發現他的喜樂、感恩和榮耀，就正如他所發出的祈禱表達的：

> 我稱頌你，因你已賜我這一天和這一時刻，讓我可以位列在殉道者的數字當中，與他們一同分享你基督的杯，使身體和靈魂兩均復活至永生，住在聖靈的不死中。[29]

誰說基督徒在面對苦難時一定自怨自艾？殉道者的慷慨就義，叫苦難同樣可以帶來榮耀和得勝。另外，基督徒必須同時肯定基督宗教終末論 (eschatology) 所帶來的盼望，在面對苦難時所產生的積極動力和生命意義，這亦正是中國文化 (包括佛教) 所未能給予的。

五 基督徒看苦難——一個反思

雖然神義論在盡可能的範圍內，在苦難的存在和上帝的公義的張力之間努力作出合理的交代，但苦難卻又是真實的，甚至，在人類的感覺中，苦難的感覺是最真實的。不少西方存在主義的哲學家，是從苦難的角度出發，體驗人的實存景況，從而質疑過往只是思辨式的哲學取向，例如海德格 (Martin

Heidegger，1889～1976年）以為人就是充滿焦慮、虛無、往死的存有。但究竟一個已經認信了基督及接受基督教世界觀和價值觀的基督徒，應如何面對苦難呢？

筆者以為，基督徒需先承認苦難的真實性和普遍性（筆者相信聖經亦持這個立場），生命的現實是：生命的誕生是從苦難而來，生命的經歷滿有苦難，生命的結束亦構成苦難，正如佛教的八苦所説的。以色列人經歷苦難，教會經歷苦難，連上帝自己都道成肉身來經歷苦難，為何基督徒可以要求免疫呢？

但是，我們亦要承認苦難不單單是一個神學上／護教學上的問題，更是一個實存的問題，一個教牧及靈性的問題——即或我們如何成功地為苦難的必須性和上帝的慈愛辯護，活生生受苦的人仍是活生生地受著苦！理論未必是幫忙，甚至可能是幫倒忙！

但另一方面，假如受苦的基督徒能從信仰的角度來思考苦難的經歷，他／她的生命確實有可能被提升——雖然未必出於自願，但至少是上帝所容許及使用的，基督徒的生命又確實有提升的可能。我們是否被世俗流行的「享樂主義」、「快樂主義」、「去玩、去癲的宇宙海洋公園心態」影響，認為只要有不快樂的事存在，就是上帝出了問題呢？[30] 今天世人質詢苦難的存在，是否建基在一種人本主義的思想中，按人的喜好、利益來向創造主詰難，更想藉以否定上帝的存在？

苦難往往可以把人帶到上帝面前，叫人不戀棧世間的事物，而追求永恆的主。苦難與美善、榮耀、感恩相即，苦難的存在，正是一種病徵，叫人知道此世並不是健康、愉快的，叫人追求更美的世界。更重要的是，基督的救贖和基督的教會，都是通過苦難而產生的——上帝自己並沒有逃避採用受苦的方法來成就救恩，基督選擇了受苦的方法（被釘於十字架）來成就救贖，因祂與我們認同（accommodate），透過苦難，叫我們知道祂是了解我們的痛苦的，又知道祂對我們的憐憫，而初期教會的殉道士亦以生命來見證信仰。今天的我們可以在這些智慧裏選擇我們應如何面對苦難。

苦難的遍在性理應叫基督徒相信苦難是上帝所容許的，基督也是藉苦難成就救贖，我們雖然今天伏在虛空之下，但終末的盼望叫我們知道上帝必然最終戰勝苦難。今天我們以信心來接受充滿苦難的世界，知道上帝必與我們同在，我們學習信靠主，單單依靠祂——在苦難與美善相即的現實下，讓我們學習超越苦難的困局，更多了解生命的本質，從而提升我們的屬靈生命。基督信仰沒有給我們能力改變外在世界遍在的苦難環境，但基督信仰至少可以改變我們內心對苦難的理解。最後。讓我以吳汝鈞的一段話作為結束。

> 人在極度的病苦中，不為病苦所屈，致喪失生存意志，反而能掙扎起來，翻騰上來，與病苦周旋，去承受它，與它和睦相處，視它為朋友；而不以生命的橫逆去消滅它，反而以無比的耐心與愛心去點化它、轉化它，把它視為提高自己的心性涵養的殊勝的因緣，通過它來磨煉心性本體的寬恕與包容的德性，進一步以在承受病苦中所積聚得的知識與功德，用於世間，以種種方法，善巧地、恰當地、自在地運用來教化眾生，如遊戲般自然自在。這才是真正的生活智慧三昧。[31]

註釋：

1 麥基(J. L. Mackie)著，周偉馳譯：〈惡與全能〉，收邁爾威利．斯圖沃德(Melville Y. Stewart)編，周偉馳、胡自信、吳增定譯：《當代西方宗教哲學》(北京：北京大學出版社，1996)，頁331～332。

2 有關神義論的討論，可參 C. S. Lewis, *The Problem of Pain* (London: Macmillian, 1994); John Hick, *Evil and God of Love* (London: Macmillian, 1977)。

3 梁燕城：《苦罪懸迷》(香港：天道書樓，1980，1988六版)，頁107。

4 吳汝鈞：《苦痛現象學：我在苦痛中成學》(台北：台灣學生書局，2002)，頁128。

5 有關佛陀生平的簡介，可參平川彰著，莊崑木譯：《印度佛教史》(台北：商周出版，2002)，頁40～55。

6 珊蒂．布謝(Sandy Boucher)著，林宏濤譯：《隱藏之泉：一個面對癌症的佛教女性》(台北：商周出版，2002)，頁13。

7 方立天：《佛教哲學》(台北：洪葉文化，1994)，頁72。

8 參經書編輯委員會：《黃大仙靈簽新解》(香港：華英圖書，1994初版，2000五版)，頁2。

9 周樹佳：《香港民間風土記憶(貳)》(香港：天地圖書，2005)，頁236～240。

10 呂澂：《印度佛學源流略講》(上海：上海人民出版社，2002)，頁25～26。

11 張純一：《仲如先生講演集》，頁49；此書重印編入張純一：《仲如先生弘道書》(上海：協和書局；北京：郭紀雲書局，1921)。張純一為清末民初一位耶佛對話的學者，曾提倡「佛化基督教」，認為如此才可以回復基督教的真貌，可參拙作：〈佛化基督教：張純一的大乘神學〉，載於賴品超編著：《近代中國佛教與基督宗教的相遇》(香港：道風書社，2003)，頁147～211。

12 「漏」有流出的意思，「有漏」是指由身體流出的東西，可指煩惱、染污和不完滿的存有，泛指眾生。因此，有漏皆苦即是一切皆苦的意思。參吳汝鈞：《佛教大辭典》(北京：商務，1992)，頁218a。

13 方立天：《佛教哲學》，頁74。

14 有關十二因緣的詳細分析，可參吳汝鈞：《印度佛學的現代詮釋》(台北：文津，1994)，頁28～31。

15 「假名」由佛教中觀學派所提倡，更被中國佛教天台宗所強調。詳參 Ng Yu-Kwan, *T'ien-T'ai Buddhism and Early Mādhyamika* (Honolulu: University of Hawaii, 1993), 124～133。

16 珊蒂．布謝：《隱藏之泉：一個面對癌症的佛教女性》，頁21。

17 參霍韜晦：《禪：創造者的哲學》(香港：法住出版社，2004)。

18 吳汝鈞：《印度佛學的現代詮釋》，頁125～129。

19 吳汝鈞：《佛教的概念與方法》(台北：台灣商務，1988)，頁15～16。

20《中論．觀涅槃品》。

21 參吳汝鈞：《龍樹中論的哲學解讀》(台北：台灣商務，1997)，頁495。

22 牟宗三：《佛性與般若》下冊(台北：學生書局，1997修訂版)，頁599。

23 Heng-Ching Shih, "The Theory of Evil in Buddha-Nature", 載於《台大哲學論評》13期(1990年1月)，頁333～361。

24 方立天：《中國佛教哲學要義》上卷(北京：中國人民大學出版社，2002)，頁311。

25 吳汝鈞：《苦痛現象學：我在苦痛中成學》，頁251。

26 吳汝鈞：《苦痛現象學：我在苦痛中成學》，頁267，註4。底線為筆者所加。

27 牟宗三：《佛性與般若》下冊，頁600～601。

28 參章文新編，謝扶雅譯：〈關於聖坡旅甲殉道的書信〉，收於《基督教早期文獻選集》(香港：基督教文藝，1976初版，1990再版)，頁350～351。

29 章文新編，謝扶雅譯：〈關於聖坡旅甲殉道的書信〉，頁357。

30 參關啟文：《我信故我思：真理路上的摯誠探索》(香港：學生福音團契出版社，1999二版)，頁222～238。

31 吳汝鈞：《苦痛現象學：我在苦痛中成學》，頁284。

5

希臘悲劇和聖經敘事的苦難意識與悲劇精神

趙崇明

一 引言：從敘事開始

為何要探討希臘悲劇和聖經敘事的苦難意識與悲劇精神？一方面由於希臘文化和基督教的宗教精神一直被視為孕育西方文化的兩大泉源，因此若要探討西方人的苦難意識，就不能不回到這兩大文化傳統裏去尋索。另一方面，在處理「苦難」這課題上，不選擇探討希臘哲學而選擇以敘事為體裁的希臘悲劇，理由在於從「講故事」出發來反省苦難的問題，可能是更合適的方法。

這樣說其實是牽涉到做苦難神學的方法論的問題。毫無疑問，苦難必定是在具體生命之中發生的獨特事件，世間上從來沒有任何一個苦難故事會重複發生。因此，當我們對這些在具體生命中只發生一次的獨特苦難故事作神學反省的時候，可能更合適的方法，並不是從一套抽象的觀念或理論開始，而是從具體及特定的生命處境所編織成的苦難故事出發去做神學。事實上聖經所強調的敍事體裁這種特徵，已經說明基督教信仰關心人的具體生命的存在方式，過於關心一套放諸四海皆準的抽象觀念或理論，這便解釋了近年來「敍事神學」(Narrative Theology) 這種做神學的方法為何愈來愈受人關注。[1]

當我們去講述一個人、一個社羣或一個民族的生命存活的故事時，我們就是關注他們的實存生命如何體現那種他們賴以存在的人生信念和價值觀，以及那種人生信念和價值觀如何塑造他們真實的歷史性存在。這裏所講的固然並非一套抽象的信念或價值觀，而是由他們身處的社羣累積下來的故事所塑造的信念和價值觀。因此，一個人若要學習在充滿患難困苦的人生中，如何成為一個真正的基督徒，就要進入構成所屬的基督徒社羣傳統的眾多故事之中(當然包括聖經的敍事)，接受這些故事成為自身存在的一部分，並讓這些故事所承載的信念和價值觀，塑造每一個屬神的人，如何在當下及將來的困苦中存活下去。

二 希臘人的神話和悲劇故事

希臘悲劇大多取材自希臘神話，它們是希臘人對人生的真和美深度洞悉所獲得的偉大成果。正如咸美頓 (Edith Hamilton) 所言：

> 悲劇是希臘人創作出來的，……他們便也開始愈來愈清楚地發現人生與邪惡有密切的關係，不公平乃是不可避免的現象。然後，有一天，這種認識——認識世間存在著某些無可挽救的錯誤——臨到一個

能夠以其感受力在人生的真相中看出美來的詩人，
第一齣悲劇便產生了。[2]

本文主要介紹伊思奇勒斯(Aeschyles)和索福克里斯(Sophocles)兩位著名希臘悲劇作家的作品，分別是伊思奇勒斯的《被縛的普羅米修斯》(*Prometheus Bound*)、《阿卡曼儂》(*Agamemnon*)和索福克里斯的《伊狄帕斯王》(*Oedipus the King*)。

1. 普羅米修斯(Prometheus)的悲劇故事[3]

天神宙斯(Zeus)由於曾被普羅米修斯欺騙，所以對他一直懷恨在心，再加上普羅米修斯為人類盜取天火的事，更令宙斯大大發怒。事緣宙斯對人類不肯努力工作的惰性深感不滿，於是懲罰人類，把火收藏起來，人因為沒有火在夜間嚇走野獸，又因沒有火不能把食物烤熟來吃，導致長久生活於恐懼戰兢和痛苦熬熬的日子當中。由於普羅米修斯憐憫人的痛苦，便背著宙斯盜取了天火給予人類，人類自從有了第一把火，便開始創造其文化。不過宙斯知道這事後就大發雷霆，一方面他透過美麗的潘多拉(Pandora)來懲罰人類，他將潘多拉許配給普羅米修斯的弟弟，並送給她一隻盒子，裏面裝滿人類一切的罪惡、不幸和疾病。潘多拉打開了盒子，結果所有的災難和痛苦都從盒中飛出來，從此人類就離不開苦難，惟獨「希望」藏在盒底，沒有被傾注到人間。另一方面，宙斯又懲罰普羅米修斯，把他捆縛在高加索山的岩石上，讓一隻巨大的老鷹來啄食他的肝臟，但問題是白天被吃掉的肝臟，到了夜間又會生長出來，在翌日的白天又再次被吃掉，普羅米修斯就是這樣地墮入永無休止的痛苦當中。

2.《阿卡曼儂》(Agamemnon)的悲劇故事

《阿卡曼儂》是伊思奇勒斯的三部曲的第一部，是一個關於代代復仇的故事。故事開始時傳來阿卡曼儂在特洛伊戰爭(Trojan War)中得勝的捷報，這場戰爭足足經過十年漫長的時間，特洛伊城終被攻陷，阿卡曼儂得以凱旋回國。其妻克麗婷妮特拉(Clytaemnestra)出來迎接，她表面上公開表白自己殷切盼望丈夫能早日回歸家園，還裝著笑臉說：

> ……快快回來吧，回到等待著他的城，那兒他會見到他的妻，和他離去時一樣忠心，有如一家的看門狗，只對他溫和，卻對敵人兇猛，在漫漫歲月中始終不曾撕破她身上的封印。我不曾同其他的男人尋歡，也不曾受閒言玷辱……[4]

這其實是一個很諷刺的謊話，因為這齣悲劇的結局是描述阿卡曼儂被其妻子和她的情夫以基司特斯(Aegisthus)所殺。阿卡曼儂死後，克麗婷妮特拉承認先前所講的是心不由衷的說話，但她不認為自己幹了甚麼羞辱的事。跟著她表白謀殺親夫的原因乃是為愛女復仇，事緣在那漫長的特洛伊戰爭期間，阿卡曼儂為了平息女神之怒，使能扭轉希臘大軍當時不利的形勢，便不惜犧牲其女兒的性命用來獻給女神為祭。至於以基司特斯殺害阿卡曼儂的原因，也是為了報復前一代種下的仇恨，原來阿卡曼儂的父親曾經殺害了以基司特斯的兩位兄長。可惜這個復仇的悲劇繼續延伸下去，在伊思奇勒斯的另一部悲劇中，記載了阿卡曼儂之子又為父復仇，殺死了以基司特斯和他的親母。

3. 伊狄帕斯王(King Oedipus)的悲劇故事

故事開始時描述底比斯城受到嚴重瘟疫的困擾，人民的生活苦不堪言，於是來到伊狄帕斯王面前求他設法解決當下的困難。原來伊狄帕斯王一早已經差遣其王后之弟克利安(Creon)去求問日神阿波羅(Apollo)，請祂指示救城之法，阿波羅便給了神諭，若要拯救這城，首先必須除去一名玷污了國土的不潔之人，這人就是殺死了前任國王的兇手。伊狄帕斯王聽了神的啟示之後，便在人民面前立誓要找出兇手，把他驅逐出國，他甚至公開地如此聲言：「我要求詛咒兇手，不論他是一個默默無聞的人，或是眾人所知的名人——願他一生受苦，而且死不得其所！」[5]

跟著伊狄帕斯王便設法找尋元兇，他又差遣克利安向瞎眼先知狄瑞西阿斯(Teiresias)求助，初時狄瑞西阿斯仍然想隱瞞整件事，但伊狄帕斯王卻迫他要將實情原原本本地剖白出來，於是狄瑞西阿斯惟有向王直言：「你自己就是玷污國土的不潔之人。」[6]伊狄帕斯王不能接受瞎眼先知的說法，更懷疑克利安串通狄瑞西阿斯編造謠言作反謀奪他的王位。伊狄帕斯王又將狄瑞西阿斯的說話轉告給其妻子約卡絲台王后(Queen Jocasta)知道，在窮追猛打的偵查及一個偶然機會下，終於揭露了伊狄帕斯王一個驚人的身世大祕密。

原來伊狄帕斯王的親生父親果然就是底比斯國的前任國王，當他尚未誕生前，其父親從阿波羅處得了一個神諭，預言他生下的兒子將來會弒父娶母，為了避免這種罪惡及悲劇的出現，這初生的嬰孩便被親生父母遺棄於荒野樹上，卻被一個牧羊人救起交給鄰國國王撫養長大，然而，一直向伊狄帕斯隱瞞其真正身分。直到伊狄帕斯長大成人，有一天他又聽到來自阿波羅相同的神諭，說他會弒父娶母。為了避免神諭的應驗，他便立時離開自己的養父母，到處飄泊流浪，終於在一個偶然的情況底下，無意中在路上殺死了他的生父。後來又無意中為底比斯人解答了司芬克斯的謎語[7]而拯救了全城的人，人民便擁戴他為王，他亦娶了先王的王后約卡絲台(即伊狄帕斯的生母)為妻。當真相大白後，王后無法接受此亂倫的罪孽，便發狂地衝回房間吊頸自盡。伊狄帕斯目睹既是母親也是妻子的約卡絲台的悲慘下場，便扯下她扣在衣服上的雕花金胸針，重重往自己雙目戳刺，然後離開底比斯城，把自己放逐，再次在荒野山嶺之間飄泊，作為對所犯罪孽的懲罰。

三 希臘神話和悲劇中的苦難意識與悲劇精神

1. 神的旨意與人的宿命

「命運」是希臘悲劇經常探討的主題。在希臘人心目中，人由寄生於母腹開始到步入墳墓的一生漫長歲月裏，均無法逃離命運的宰制。正如伊狄帕斯王還在母腹時，就已經被註定要踏上弒父娶母的命途，人儘管拼命想戰勝及改變命運，但人生既一早已有定數，則任何掙扎、任何努力，最終也只是徒勞無功。

不但如此，「命運」有時甚至是遺傳的，它對人生命的主宰可能延及三、四代，正如《阿卡曼儂》和《伊狄帕斯王》兩個戲劇故事所描述的一樣。這種縱然用盡力氣也無法擺脫的人生宿命，猶如一個很大的網羅一樣，一被罩著，就不能逃脫，而且愈用力掙扎，它就勒得愈緊。事實上在《阿卡曼儂》這劇本裏，伊思奇勒斯刻意多次用「網」這隱喻或意象來描述命運對人的主宰。

> 唱詩隊：我主宙斯……
>
> 你在特洛伊城堡上空罩住一面緊縛的網，使得所有人，不論老幼，都不能逃脫奴役和全面毀滅的巨大陷阱。[8]
>
> 領隊：既然妳被縛在這命運的網裏，妳最好凡事服從她……[9]
>
> 克麗婷妮特拉：……我怎能以恨對恨……高張無以逃脫的毀滅之網？……我像漁人撒開巨大的圓網，鋪下受神詛咒的華麗袍布，緊緊縛住他。[10]
>
> 唱詩隊：……你被縛在這蜘蛛網裏，在不雅的慘死中斷氣……。[11]

在這種如網一般的「宿命論」的大前提下，難免會感覺到經歷種種苦難的人是身不由己的無辜受害者。對於無辜受害的人，我們可能更為他感到難過和無奈，就以伊狄帕斯為例，他一心要逃避弒父娶母的罪行，但愈逃避卻愈逼近宿命的網羅，愈被緊緊縛住得透不過氣來，這時，觀眾便會為這無辜者所遭受的悲慘結局加倍難過。[12]

在希臘悲劇裏，充分反映了希臘人將人生的命運和定數跟宗教連上關係，人的宿命完全歸因於神旨意的預定和安排。

希臘神話故事所描述居住在奧林匹斯(Olympus)山上的諸神，顯然是人的形貌和情感意志的投射，但這班擬人化又跟人同形同性的眾神，卻反過來充當著掌管及主宰人類整體生活，並維護人世間道德秩序的角色。人生一切事情，冥冥中自有神的定命安排和擺佈，正所謂天命難違，神意不能逆轉，人惟有順從神的旨意，而人生種種際遇，正是神的啟示或神諭的應驗而已。在《阿卡曼儂》這個三代血仇的悲劇故事開場的一幕裏，作者已經透過唱詩隊清楚交代整件事是出於宙斯神意的安排。神的旨意註定人的宿命這個主題在《伊狄帕斯王》一劇裏更加明顯，伊狄帕斯王及其王后一生的悲劇就是從阿波羅的神諭開始，終其一生均無法擺脫神意的擺佈。[13]

2. 悲劇英雄的性格與自身的命運

人所遭遇的命運除了受到神意所主宰及控制之外，原來悲劇英雄自身的內在性格也是註定其命途去向的決定性因素，伊狄帕斯王就是最佳的例子。他的悲慘結局，除了應驗一早已註定如此下場的神諭之外，其實也是他自身的性格促使(或一早已註定)他要經歷如此的悲慘下場。基本上由於他對人民的愛，以及他的憐憫心腸，才促使他公開地在百姓面前立下誓言，誓要查明導致底比斯城遭受瘟疫的原因。亦由於他對百姓的關懷、熱心，永不放棄、窮追猛打、誓要找出真相的性格，才導致他當眾詛咒謀殺先王的兇手，以及一步一步迫使瞎眼先知和王后將整個故事的真相重組出來。在這過程中，悲劇人物性格的每一面，無論是好抑或壞、善抑或惡，都在互相效力，引領悲劇人物走向不能回轉的命途。因此，悲劇人物整個性格就是他的命運。一個怎樣的人就有怎樣的行為表現或行動，有怎樣的行動就會產生怎樣的結果，而將一個人在一生中這些行動及其所產生的結果加起來，就是一個人所註定要走的命途。

3. 罪與罰、公義與復仇

提到悲劇人物的性格及其自身命運的關係，自然會想到在希臘神話和悲劇中，不少天神和人間的悲劇英雄都有一種復仇的性格。被縛的普羅米修斯所遭受被老鷹無休止地啄食肝臟的痛苦，雖然可以説是對其犯下盜取天火之罪的懲罰，但另一更重要的原因就是宙斯的記仇；而在《阿卡曼儂》裏，復仇的主題更加明顯。事實上人世間不少的苦難和痛苦，皆源於人類內心裏面那種不易磨滅的復仇心理，不少戰爭和人際關係中的紛爭都跟這種復仇情意結有關。

不過要知道在當時希臘文化的傳統裏面，復仇不一定是不道德的行為；反而在希臘人心目中，當人行惡犯了罪之後，惡人就應當受到相應的懲罰，賞善罰惡或惡有惡報，才能顯出公義，而為被害的人向惡人報仇，對當時的文化來說，只被視為一種對惡人應該施與的懲罰，因此復仇反而是一種伸張正義的做法。這種被現代人看為野蠻及不道德的以牙還牙、以血還血的報應觀念，原來根本就是希臘人(其實希伯來人也一樣)的一套道德觀念。由此説來，一方面不斷的復仇行動既帶給人無休止的痛苦；但另一方面也可以説是對復仇者所受的痛苦的一種心理補償和道德上的伸冤。

不過《阿卡曼儂》仍有一個頗清晰的主題：儘管阿卡曼儂被仇殺是一種伸張正義的方式，然而這種方式往往已經不是人的意志可以控制的，一宗暴行引發另一場仇殺，阿卡曼儂之妻為報阿卡曼儂間接殺女之仇而謀殺親夫，日後阿卡曼儂之子又為父報仇而謀殺親母。本來是維護正義的復仇行動卻變成破壞家庭倫理道德秩序的元兇，至此，傳統上尋求公義的方式已陷入進退兩難的困局之中。復仇究竟是對痛苦的補償，抑或製造更多的痛苦？罪固然為某些人帶來痛苦，但因應罪所施行的懲罰，最終究竟是可以抵消痛苦抑或反而加添痛苦呢？

4. 苦難的個人性、社會性和宇宙性

希臘悲劇中所描述悲劇英雄(如阿卡曼儂和伊狄帕斯等)所受的苦難，固然是他們個人獨自要面對的命運，但這些苦難又不僅是個人的，往往關乎整個家庭、甚至幾代家族的命運。無論在《阿卡曼儂》或在《伊狄帕斯王》裏，不只阿卡曼儂或伊狄帕斯一人受苦，在延綿復仇或逃避神諭的行動中，個人所受的痛苦同時也會蔓延到家庭中其他成員裏去，甚至更遺傳到下一代，苦難將個人和家庭的命運連在一起。不但如此，在希臘悲劇裏，苦難更由個人和家庭延伸到國家社會，甚至掌管自然宇宙的諸神。例如阿卡曼儂一家所受的苦難乃緣於那一場持續十年的特洛伊戰爭；而伊狄帕斯王所應驗了的阿波羅的詛咒，同時也成為底比斯全國人民的詛咒。

在希臘悲劇所描寫的苦難中，讓我們看到苦難把個人、家庭、國家社會和天上掌管自然的諸神連成一體。由此可見，希臘悲劇不單從微觀的角度看苦難是受苦者個人的事，同時也從宏觀的角度正視苦難所帶來的社羣性和宇宙性的意涵。

亦基於此，希臘人亦不單從個人救贖的角度來談論苦難的超越和解脫。

四 從希臘神話和悲劇中領悟超越苦難的智慧

1. 以理性超越苦難

宙斯手握象徵大自然力量的雷電霹靂，被希臘人視為宇宙最高的主宰。而眾所周知，在希臘神話裏面的諸神，基本上是人類按自身經驗投射出來的產物。由此可見，人在宙斯身上投射出來的，就是對大自然的支配與征服的意欲，而且某程度上相信誰能夠支配大自然，誰就能支配人的命運，意味著可能是解決宿命論的一條出路。

事實上，在希臘神話裏，普羅米修斯的故事正是跟人類文明的出現這主題有關。人類正是從普羅米修斯裏獲得生存所需用的天火、智慧和技能，從而征服自然，這些就是人類理性文明的象徵(當然希臘神話也同時提醒我們，文明所換來的，卻是要遭受潘多拉盒子裏的痛苦與折磨)。希臘人這種藉著理性文明來認識及征服大自然的欲望，說明了為何一班前蘇格拉底的希臘哲學家最先思考及發展的，就是宇宙論或自然哲學的問題。

此外，在伊思奇勒斯的悲劇三部曲中的最後一部《仁慈女神》(*The Eumenides*)中，阿卡曼儂之子為父復仇的案件，最終由女神雅典娜(Athena)所設立的公義法庭來處理，說明了代表古老傳統以復仇來維護正義的舊時代已經結束，而逐步發展出一種建基於理性和法制的合理制度的新時代已經誕生。事實上研究政治哲學的思想家麥克里蘭(John S. McClelland)

也曾提出過，荷馬史詩中所展現的三重世界(即神界、人界和自然界)的圖像如何隱含豐富的政治意義，他如此說：

> 吸引政治哲學家致力重述荷馬史詩中的真理的，是貫串詩中的那股秩序與對稱意識，這秩序並不周全，但歷盡變遷之餘似乎安然存續下來。這是一個時時受到失序威脅，但每每終又生出秩序的世界。這樣一個世界對政治思想家充滿吸引力，實是理有必然，他們或以之為政治學的鏡鑒，或取之為政治學的意象。政治上，秩序與失序交替相尋，除非在日常事物的混亂之上察見一個超越的先驗秩序，否則很容易導致絕望。[14]

希臘人面對這個隨時陷於失序的社會，為了維護公義和種種道德的存在價值，便逐漸發展出一套合於理性和法制的政治思想及制度來解決社會上出現的問題。

希臘神話和悲劇告訴我們，縱然苦難含有非理性甚至荒謬的成份，但人類的理性和文明始終仍能在這些令人困惑的苦難中得以孕育成長，人類的智慧原來可以來自受苦的經驗。正如《阿卡曼儂》的唱詩隊如此歌頌宙斯：「祂將我們放在人生的路途上，立下這必應的律法——『人必得從痛苦中學習。』」[15]

還值得留意的是，《阿卡曼儂》中女預言家卡珊德拉(Cassandra)這個角色，她是惟一有智慧能洞悉真相的人。可惜她的智慧不為世人或統治者所賞識，反而在平凡的世人眼中視為瘋子，最終也只能換來孤獨地沉鬱而死的命運。另外一個類似的例子就是《伊狄帕斯王》裏的瞎眼先知，他雖然眼瞎，卻反而能夠察見伊狄帕斯所見不到的真相。而能破解司芬克斯謎語的伊狄帕斯，卻無法知道自己身世之謎，到真相大白時，卻又要戳瞎了自己雙眼作為報應。也許這些悲劇人物有一點共通之處，就是縱然受苦，仍要堅持洞悉真相、窮究真理，不可以為生存而犧牲真理，就好像蘇格拉底為真理而死的命運一樣。

這些希臘悲劇似要告訴我們，人若要洞察真理，不能用肉體感官的眼睛去看，只能用理性靈魂的眼睛去看。事實上柏拉圖著名的「理型論」中「理型」(Idea) 的希臘文，正是來自動詞*idein*（意即「看見」），希臘人對「看見」十分重視，因此由希臘悲劇到希臘哲學，所關注的都是「如何『看見』真理？」這類問題，亦相信理性的「看」可能是超越苦難的一條出路。

2. 尼采(Nietzsche)的觀點：意志生命比理性真理更重要

人的理性固然對解決苦難的問題可以有幫助，不過，當西方社會經歷過兩次大戰之後，目睹人類理性知識的進步不但沒有阻止道德上的邪惡及殘酷戰爭的發生，反而由於人的理性所成就的科技文明而帶來先進的軍事裝備，最終令到更多生靈塗炭。正如著名後現代思想家鮑曼 (Zygmunt Bauman) 在其著作《現代性與大屠殺》(*Modernity and the Holocaust*) 一書中所分析，代表重視理性秩序這種典型現代性思維的德國民族，正由於在尋找秩序的過程中，發覺猶太人所帶有的那種他異性 (otherness) 或異鄉性 (strangeness) 對德國文化造成威脅，猶太人在大屠殺的苦難中所遭遇的非理性和不道德的對待，原來最終竟然是為了要維護理性秩序和單一性而存在！[16]因此，後現代性對「他者」的容忍和尊重，對非理性、曖昧性和不可預測性的重視，反而可被視為對現代性重視理性秩序這種思維所進行的一種顛覆性行動，甚至可被視為對苦難的倫理提供一種思考的空間。

尼采被不少人視為後現代思想的先鋒，他對非理性和曖昧性的重視實在值得留意。在《悲劇的誕生》(*Die Geburt der Tragödie*)一書中，尼采高度評價希臘悲劇的地位和價值。他認為希臘悲劇的存在是為了思考一個根本性的哲學問題：即真理與生命的關係，究竟生命需要真理抑或謊言？

尼采一直質疑西方以柏拉圖為代表的理性主義精神，對於柏拉圖哲學只承認現象背後的本體世界才是真實的存在或真理，以致將真理的追尋變成為一種形而上學的反思活動表示強烈的不滿。

在《悲劇的誕生》的開頭，尼采指出希臘悲劇反映了希臘人所追求的兩種精神：一是以阿波羅為代表的日神精神(夢或幻覺的象徵)，另一是以戴奧尼悉斯(Dionysus)為代表的酒神精神(醉的象徵)。這兩種精神所代表的都是非理性的本能衝動，在這兩種精神的共同支配下，希臘悲劇便創造了一個恰恰能遮掩著真相或把真理遺忘的假象世界。尼采正正從希臘悲劇中觀察到以下的事實：因為真理及理性會危害生命，所以若要肯定生命，就必須否定真理和知識，擁抱謊言。[17]故此，希臘悲劇作為一種謊言的藝術正好最終能把生命保存下來，伊狄帕斯的遭遇豈不是正能印證尼采的看法？毫無疑問，他的苦難乃源於他對知識和理性的信任，以及他對真理或真相鍥而不捨的追尋，結果他看到的卻是可怖的真相。其實王后也曾開導他，叫他返回沉默的無知，惟有這樣才可能活下去：

> 約卡絲台：既然機運主宰人的生命，沒有人能明確預知未來……最好的辦法便是不思不想，糊塗度日。至於你母親的妝奩之牀……在這之前，許多男人也曾在夢中和他們的母親同眠。只有那些不把這種事擱在心上的人，才能悠然度日。[18]

同時，尼采認為希臘悲劇這種藝術本身所提供美感的「外觀」，就已經起到了治療悲觀主義的效用。他並不否認「外觀」在本質上是虛幻的，但問題卻在於人生不能離開或完全否定對「外觀」的迷戀和觀賞，否則必定陷入悲觀主義及厭世主義的深淵而不能自拔。希臘人這種藝術化的人生觀，並非對人生的痛苦沒有深刻的體會，也並非接受人可以絕望或自暴自棄，亦不是要鼓勵人玩世不恭。雖然人生美麗的外觀只是一場夢幻，但悲苦的人生豈能沒有醉、沒有夢呢？在悲苦的人生中太清醒未必是好事，醉與夢正可以使人忘記人生的苦惱和缺陷。因此，尼采認為希臘悲劇所代表醉與夢的藝術精神，比柏拉圖式的理型世界所代表的真理更有價值，其意義就在於此。[19]

尼采又認為希臘悲劇之美，美在悲劇英雄所表現出來的那份生命的意志力。希臘悲劇固然反映一種宿命論的苦難意識，人不能勝過命運的宰制。但這個民族面對儘管無法逆轉的宿命的一個做法，並非要求一套理論去解釋苦難為何出現，反而是在深沉的痛苦中，卻仍然憑著生命強力意志的本能和對生命的熱愛，對命運作出最強力的抵抗，掙扎求存。不管命運如何惡劣，儘管命運最終可能會吞噬悲劇人物的生命，但作為一個悲劇英雄，其生命的壯美正是表現在其堅不可摧的生命力和鬥志上面。正如卡謬(Albert Camus)在〈薛西弗斯的神話〉(‘Le mythe de Sisyphe’)一文中所留下來的一段說話：

> 但薛西弗斯教導我們以更高的忠貞，否定諸神，舉起巨石。……石頭的每一個原子，夜色濛濛的山上的每一片礦岩，本身就是一個世界。奮鬥上山此事本身已足以使人心充實。我們應當認為薛西弗斯是快樂的。[20]

這種生命力就是尼采所講的「強力意志」，面對悲苦的人生，尼采鼓勵我們要依靠這種「強力意志」去把苦難當作生命的歡樂來享受。

五 聖經敘事中的苦難意識與基督教神學對苦難的超越

1.信心對道德理性和審美意志的顛覆

上文提到源自柏拉圖式的道德理性和尼采式的悲劇審美意識所成就的生命意志力，都可能為人生苦難的困局提供出路。不過祈克果(S. Kierkegaard)在其《恐懼與戰慄》(*Fear and Trembling*)一書中，卻引導我們將焦點放在亞伯拉罕獻以撒這個聖經故事上。他要我們思考的是，亞伯拉罕獻以撒其實是一個顛覆道德良知和理性秩序的行動，上帝竟然呼召亞伯拉罕去顛覆倫理規範的合法性和合理性。簡單而言，這是一種非理性和不道德的行為，發展下去甚至會成為一個家庭倫理悲劇。

無疑人生三階段的理論(即審美的、倫理的和宗教的三個階段）是構成祈克果思想的重要支柱，若人能跳躍至宗教的階段，自然就是最理想的存在狀態。在祈克果心目中，亞伯拉罕的人生固然不再停留於審美的階段，他不是一個尼采式的悲劇英雄；同時亦已經從強調道德理性的倫理階段躍進宗教的階段。試想亞伯拉罕因為順從上帝命令而預算殺死以撒這獻祭行動，在道德上其實是一件非理性及荒謬的事情。不過亞伯拉罕偉大之處，正在於他以信心超越了理性，以信心顛覆了一般人認為合理和合法的倫理規範。固然信心不一定跟理性對立，亞伯拉罕獻以撒這個聖經故事只是告訴我們，人遇到生命中種種非理性和荒謬的苦難際遇的時候，最終還是要順服上帝的安排，作出信心的跳躍。

2. 神的旨意與人的宿命

聖經敘事也清楚敘述了苦難跟神的旨意之間密切的關係，最明顯的莫過於約伯記的故事。根據約伯記頭兩章所記載，發生在天上撒但向耶和華挑戰的一幕，讀者完全知道約伯這位完全正直的人後來所遭受的苦難，原來是上帝和撒但協議的結果。可憐的是約伯卻在毫不知情的情況下，已陷入這痛苦的網羅之中。儘管安排整個計劃的始作俑者是撒但，不過若沒有上帝的同意，約伯受苦這件事也不可能發生。因此，歸根究底，我們不能否認約伯受苦的命運始終是間接地在上帝的自由意旨和主權的默許下發生的，在上帝授權撒但執行其一早的安排下，約伯已經被註定要接受這種命運的擺佈。事實上約伯記部分經文亦反映了這種觀念：

約伯：……賞賜的是耶和華，收取的也是耶和

華……。(伯一21)

約伯：……難道我們從神手裏得福，不也受禍嗎？……(伯二10)

約伯：我知道，你(指上帝)萬事都能做；你的旨意不能攔阻。(伯四十二2)

約伯的命運如是，甚至成為人的耶穌的命運也如是。上帝在祂的救贖計劃中，早已預定了耶穌基督的命途，耶穌在上帝的旨意下，別無選擇，祂註定必須要取奴僕的形像和人的樣式，也預定必須要死在十字架上。因此，當耶穌面對死亡而發出內心的掙扎時，最終祂還是這樣說：「阿爸！父啊！在你凡事都能；求你將這杯撤去。然而，不要從我的意思，只要從你的意思。」(可十四36) 聖經敍事所表達的和希臘悲劇所表達的似乎有相似的地方，兩者都承認人世間的苦難在某程度上是出於天命、是出於神意的安排，神的旨意與人受苦的命運息息相關。

3. 人不能靠自力超越苦難

西方文化表現出來有兩種超越苦難的方式：以人的理性超越苦難或以人的強烈生命意志來超越苦難，無論哪種方式，兩者的共通點都是含有濃厚的以人為本的人文主義精神。

但基督教神學正正拒絕這種方式，甚至認為人以為靠自力可以超越苦罪而獲得救贖，正正就是罪的核心意思。聖經內伊甸園的故事正要說明，人犯罪正正表現為不聽從上帝的說話或命令，以「知識之樹」取代「生命之樹」，以人的話 (human word) 取代上帝的話 (Divine Word) ，以人的理性 (human rationality) 取代上帝的理性 (Divine rationality) 作為善惡價值的判準。人的存在不再建立在上帝的道之基礎上，而改為建立在人的道或人的理性之上。人不再是聽從上帝說話的存有，而是有認知能力能判別是非善惡的理性及道德主體。本來是上帝「說」，以上帝作主詞 (subject) ，現在變成人「說」，以人作主詞。

基於此，自從上帝被取代 (the displacement of God) 這件事發生之後，不但人和上帝之間的關係起了急劇的變化，人和世界的關係也完全改變了。本來人和世界保持和諧的共存關係，人和世界本來血脈相連、一體並存，但自從罪出現後，聖經描寫大地也受到咒詛。當人這個「能言說」、「能思想」的主體一旦抬頭，馬上就標誌著人與世界分裂開來，並形成主客二元對立的局面。世界被客體化、被物化，不斷受人這個理性主體的操控與宰制，人不再是大地的管家，卻以主人的身分自居。因此，基督教神學不但反對人能靠自力超越苦罪，更認為這正是罪的表徵。

4. 苦難乃被造物的本相

在聖經敘事裏，記載了「起初神創造天地」這故事。上帝是一位自由及充滿愛的上帝，上帝創造世界的行動，自然就是一種表徵上帝的自由和愛的行動。被造世界就是在上帝的自由意志和愛底下的成果，即是說，「起初神創造天地」不是必然要發生的，卻只是一個偶然的結果，因為神可以不創造天地，或起初神創造另一個與現在這個完全不同的天地。這個偶然的世界就是上帝在愛底下而產生的恩典和禮物。再加上「起初」的意思是指被造世界有一個時間的起頭，由此指向一個事實，這個偶然被上帝創造的世界正是一個有限的世界，從而肯定世界的其中兩種存有的特性——有限性和偶然性(contingency)。

這兩種被造世界的特性跟三一上帝的永恆性、必然性和超越性基本上存在一種本體上絕對的差異性(Absolute Ontological Distinction)，這種分別性一方面指出世界不能僭越界限想成為上帝，另一方面指出有限性和偶然性正是世界本身的本性，也正是其獨特性(particularity)之所在。被造世界既是偶然和有限，則世界有苦難又有何出奇？甚至可以說苦難正是被造世界的本相，就算始祖沒有犯罪，苦難仍會存在。基於此，我們也可下這樣的結論：從上帝按其自由意志創造這個有苦難存在的世界這角度而言，就不能否認苦難跟神的旨意之間存在密切的關係，換言之，甚至可以說神對苦難的存在需要負責。

5. 受苦的上帝為世界的苦難負責

在基督教護教學中，苦難跟神義論(Theodicy)往往形影不離。為何全知、全能、全善及慈愛的上帝竟然會創造出這個充滿苦難和邪惡的世界？苦難是否上帝預定的旨意？這些問題的背後，其實最終可能想挑戰的是：上帝是否需要為苦難負責？其實在聖經敍事裏，明顯地記載了上帝從來沒有說過不為苦難負責。

毫無疑問，人需要為苦罪的問題負責，但當人面對自己及被造世界的本體性特徵(即有限性和偶然性)時，馬上便會發現這並非人力所能負擔得起的責任。最終上帝這位創造主仍是要對人在被造世界所遭遇的苦罪負責，而事實上這位上帝從來沒有說過要逃避責任，正如巴特(Karl Barth)所言：

> 上帝創造人，這件事意味著祂已經將自己置於一個危險的處境……本來人所要受的苦難，祂已經代替人去背負和忍受了……我們必須堅持人的責任……但我們更要堅持上帝的責任。當祂創造人和容許人墮落的時候，上帝已背負了這責任。[21]

當然，這裏所提到的責任並非指上帝因為犯了甚麼過錯，因而要為犯錯負責的意思。其實「責任」的英文 "responsibility" 跟「回應」(respond) 這字有關，因此，上帝對苦難負責的意思，應理解為上帝願意回應及承擔苦罪帶來的後果。

上帝如何回應？「十架神學」告訴我們，上帝選擇藉著耶穌基督降世為人，以無能及軟弱的身分和生命形態，進入這充滿苦罪的世界中，親自承擔人類的苦罪，與人共渡苦難，甚至藉著釘在十字架上受苦，將全人類的苦罪背負在自己身上。當然這位受苦並在十架上死去的上帝，最終從死裏復活，克勝死亡和苦罪，救贖受苦的眾生和被苦罪咒詛的大地。

註釋：

1 欲想多了解敍事神學，可參曹偉彤著：《敍事與倫理》(香港：香港浸信會神學院，2005)；曹偉彤著：〈敍事神學〉，收於郭鴻標、堵建偉編：《新世紀的神學議程》，下冊 (香港：香港基督徒學會，2003)，頁485～502；Hans W. Frei, *The Eclipse of Biblical Narrative: Eighteenth & Nineteenth Century Hermeneutics* (New Haven: Yale University, 1974)。

2 Edith Hamilton著，曾珍珍譯：〈悲劇的理念〉，收於黃毓秀等譯：《希臘悲劇》(台北：書林出版有限公司，1984)，頁4。

3 參魯剛等編譯：《希臘羅馬神話詞典》(北京：中國社會科學出版社，1984)，頁222～223。

4 伊思奇勒斯著，黃毓秀譯：〈阿卡曼儂〉，收於《希臘悲劇》，頁42。

5 索福克里斯著，黃毓秀譯：〈伊狄帕斯王〉，收於《希臘悲劇》，頁108～109。

6 索福克里斯著：〈伊狄帕斯王〉，頁112。

7 司芬克斯是個人面獸身的女妖，蹲踞在底比斯城外，要過路的人解答她的謎語，解不出者即遭殺害，弄得底比斯城人心惶惶，這個謎語最後為伊狄帕斯解開，因而救了全城的人，便被底比斯人擁立為王。

8 伊思奇勒斯著：〈阿卡曼儂〉，頁29。

9 伊思奇勒斯著：〈阿卡曼儂〉，頁61。

10 伊思奇勒斯著：〈阿卡曼儂〉，頁74。

11 伊思奇勒斯著：〈阿卡曼儂〉，頁77。

12 對希臘人來說，無辜的人所受的苦難未必一定能被視為悲劇。舉例來說，一個死囚的七歲女兒，因父親所犯的罪受牽連而被判死刑，她沒做錯任何事情，明顯是無辜受害，這幕情景固然令人悲傷難過，但這始終不是悲劇，最多只是一種悲愴(pathos)。主要原因是，這無辜受害的七歲女孩，仍未具有悲劇英雄所擁有的那種能壯烈受苦的靈魂。Edith Hamilton 在〈悲劇的理念〉(‘The Idea of Tragedy’)一文中曾舉過這例子以說明希臘悲劇中「悲劇性」的意思。

13 不過在希臘的神話和悲劇裏，除了有限的人類要接受命運的安排和播弄之外，原來天上諸神竟然也無法倖免，其中一個例子就是普羅米修斯最終也不能擺脫來自宙斯懲罰的命運，因而墮入永無休止的痛苦當中。

14 麥克里蘭(J. S. McClelland)著，彭淮棟譯：《西方政治思想史》(海口：海南出版社，2003)，頁15～16。

15 伊思奇勒斯著：〈阿卡曼儂〉，頁21。

16 參鮑曼(Zygmunt Bauman)著，楊渝東等譯：《現代性與大屠殺》(南京：譯林出版社，2002)。

17 參吳增定：《尼采與柏拉圖主義》(上海：上海人民出版社，2005)，第二章。

18 索福克里斯著：〈伊狄帕斯王〉，頁139。

19 參周國平：〈尼采：生命的夢與醉〉，收於周國平編：《詩人哲學家》(上海：上海人民出版社，1998)，頁197～239。

20 卡謬(Albert Camus)著，張漢良譯：《薛西弗斯的神話》(台北：新文化出版社，19--)，頁143。

21 Karl Barth, *Church Dogmatics,* II/2, trans. G. W. Bromiley et al (Edinburgh: T & T Clark, 1994), 165～166.

莫特曼論苦難與受苦的上帝

趙崇明

一 「奧斯威辛」的苦難——從受苦經驗到神學反省

第二次世界大戰期間，大批猶太人所遭遇的「奧斯威辛」(Auschwitz) 的苦難，[1]已經成為當代西方猶太教徒和基督徒不可迴避的切身問題，也成為猶太教和基督教神學一個不可迴避的思想視域。在一次學術研討會上，捷克一位哲學家麥哥域 (Milan Machovec) 在引述法蘭克福學派的代表人物阿多諾 (Theodor W. Adorno) 的名言「奧斯威辛之後詩已不復存在」後，向在座的兩位天主教神學家拉納 (Karl Rahner) 和默茨 (Johan B. Metz) 提問了一個極具挑戰性的問題：「對基督徒來說，奧斯威辛之後祈求是否仍然可能？」[2]為何麥哥域會提出這問題？因為他認為上帝似乎沒有聆聽及回應來自奧斯威辛集中營的祈禱。下面引述一名被囚在奧斯威辛集中營的戰俘的一段禱文：

> 親愛的上帝，請扶住我吧，親愛的上帝，別讓我死在這裏！請求祢聽我這惟一的一次！我要死在外面。我還年輕！請讓我死在外面！我還想看一眼自由！請求祢，讓我看一眼自由再死。我知道自己不會活多久，可是，我想死在外面的草地上。[3]

祈求者的要求其實很低，只求上帝讓他死在自由的草地上，然而上帝連這麼一個小小的要求也沒有回答，祈求者仍然死在毒氣室裏。故此，麥哥域便問：「奧斯威辛之後祈求是否仍然可能？」

基督教神學似乎無法逃避「奧斯威辛」所提出有關神義論 (Theodicy) 的信仰難題，這次苦難對猶太教徒和基督徒的上帝觀造成很大的衝擊。正如約納斯 (Hans Jonas) 所言：「『奧斯威辛』本身對信徒而言，是它使整個傳統的上帝觀念成了問題。」[4]

跟約納斯一樣，著名德國神學家莫特曼 (Jürgen Moltmann) 不但要問：「奧斯威辛之後祈求是否仍然可能？」他同時問：「奧斯威辛之後談論上帝是否仍然可能？」莫特曼的問題同樣是從他親身的痛苦經歷中提出的。第二次世界大戰爆發，年輕的莫特曼 (當時只得十八歲) 在戰場上目睹一次非常慘痛的經歷，他的家鄉漢堡在英國空軍的一次空襲行動中受重創，並導致四萬人死亡，當晚是他生平第一次問：「我的神，祢在哪裏？」「為何我仍然生存而沒有像其他人一樣死去？」一九四五年德國戰敗，莫特曼成為戰俘，先後在比利時、蘇格蘭和英格蘭的集中營熬過三年的淒涼歲月。本來莫特曼因著參與一場不義之戰已經一直耿耿於懷，再加上面對戰後滿目瘡痍的祖國，便無法不去質疑為何偉大的德國文化竟淪落到如斯景況？！再加上自己被囚在集中營的親身經歷，目睹不少同胞因失去生存信心而絕望至死。[5]戰爭與被囚的經歷，帶給他和同代人的就是受苦、絕望和懷疑等混雜在一起的苦痛經驗，莫特曼的神學正是在這種慘痛經驗中孕育出來的。

對莫特曼來說，不但奧斯威辛之後祈禱仍然可能，而且談論上帝也是仍然可能的。他甚至認為奧斯威辛之後，人們更不能不談論上帝，他說：

> 對我們這些在戰後讀神學的德國青年人來說，「歐殊維茨」(編按：即奧斯威辛)成為我們思想和行動的轉捩點。我們痛苦地覺悟到，我們逃避不了「歐殊維茨之後」的生活，我們必須在「大屠殺」(holocaust)的陰影下過活，因為這是德國人對猶太人所犯的罪惡。「歐殊維茨之後」因此也成為我們的神學的具體處境……對我們來說，「歐殊維茨」事件令人不解的，不僅是為甚麼會有那些行刑者和他們的幫兇，也不僅是那種完美的集體謀殺技術，甚至不僅是為甚麼上帝會隱藏起來。更嚴重的是：為甚麼人們竟不說話？他們冷眼旁觀……以致受害者孤立無援、悽悽慘慘地被送上屠殺的境地。因此對我們來說……「歐殊維茨」不僅成為有關苦難意義的一個問題，更是滿身罪債、羞恥和哀痛的人是否還有力量活下去的問題。[6]

對莫特曼來說，苦難一旦要發生，個人未必有能力及自由可以倖免。就正如他既然身為德國人，就無法逃避這場德國人有份發動的戰爭所帶來的種種苦難，以及由此而生的種種無奈、疑惑、失望及罪疚的傷痛。不過面對人生中種種無可選擇和不可挽回的苦痛經歷，原來更重要的是在苦難的悲愴與傷感的經驗中，如何再站起來面對「奧斯威辛之後」的生活。毫無疑問，莫特曼認為苦難之後，除了繼續向上帝祈禱之外，同時亦要繼續反省如何在神學上談論上帝。換言之，對具體的苦難做神學反省原來就是基督徒面對及超越苦難的不二法門。

然而，如何在苦難中做神學反省？莫特曼固然沒有興趣從一種抽象、形而上或玄思式的進路去發展一套完滿解釋苦難之謎的神義論，也拒絕建構一套能放諸四海的神學原則去為種種苦難問題提供標準答案。對他來說，並非先有一套不變的神學原則，然後將它應用在不同的苦難處境上面，而是將次序倒轉過來，先有獨特的實存處境及受苦經歷，然後從上帝的行動或經驗這視域出發，去對我們受苦的經歷做神學反省，以期達到「苦難之後如何有力量地生活下去」這個最終目的。事實上在莫特曼眼中，神學就是實踐(praxis)，神學最首要的就是一種「轉化及更新」的功能，他曾經如此說：「神學家並不汲汲於解釋世界、歷史和人性，而是在盼望神聖的更新中轉化世界。」[7]

二 冷漠的人與荒謬的世界——無神論者卡謬的吶喊

兩次世界大戰非理性的屠殺、狂暴、混亂、強權、仇恨所孕育出來的虛無主義，顛覆了西方文明一直以來崇尚的理性、樂觀、秩序、自由的啟蒙精神，親身經歷過戰爭的人不少成為幻滅、反叛、失落、漠然的一代。而其中一位對這個非理性及虛無的世界發出反叛式吶喊的就是法國文學兼哲學家卡謬（Albert Camus）。

對卡謬來說，「只有一個哲學問題是真正嚴肅的，那就是自殺。判斷人生究竟是否值得活下去，就等於答覆了哲學的根本問題。」[8]縈繞於卡謬心中的是關乎如何判斷「在一個無神的世界之中，人應該怎樣存活？人應該如何決定自己的生和死？」這類問題。

可能有些人遭逢苦難，所生的痛苦感覺令人雖生猶死，頓覺人生不值得忍受如此的苦難，這樣活下去也毫無意義，亦欠缺再生存下去的理由，於是便自尋短見。不過卡謬卻認為，人不一定在遭受極大的苦難時感到人生的荒謬，惟有當生活寄生於麻木因循的生存狀況之中，這種呆滯混沌的存在狀態才是荒謬的根源。對卡謬而言，人甚至在每天機械式起牀、吃早餐、上班工作、吃午餐、繼續工作、下班、吃晚餐、看電視、睡覺這樣周而復始的平凡生活裏也有可能產生荒謬的感覺，這種不斷循環的存在狀態本身所表現的荒謬性，可能才是人生更大更深的苦難，清醒的人豈能還沉醉在這樣生存的藉口中毫無意義地活下去呢！在虛偽自欺的苟存抑或向自己誠實的自殺兩者之間，卡謬強調必須忠於自己，甚至不惜以反叛的姿態選擇死亡，正如他說：

> 一旦處身在一個突然失去了幻景和光明的宇宙中，人便感到自己是個異鄉人、陌生客了。他的放逐感是無藥可救的，因為他已失去了故鄉的記憶，也不

> 再有「許諾地」(Promised Land)的希望。這種人與生命的離異，演員與舞臺的割離，正是荒謬感⋯⋯這種感覺和求死的意念有直接的關係。[9]

這正是卡謬深刻體驗人的存在所蘊含的荒謬性而生出的告白。荒謬感所承載的是人與生命割離後那種無根、孤寂隔絕、沒有理想與沒有將來的絕望。由於這種孤寂的絕望，生命便欠缺任何動力而停頓下來，自我封閉，因而變得更加冷漠。在荒謬中，絕望與冷漠猶如雙生子而共存亡。

但凡讀過卡謬的名著《異鄉人》(*L'étranger*) 的讀者，都不能不在掩卷之後一段長時間內，仍然被小說中所籠罩的那份冷漠、絕望和荒謬感所感染。毫無疑問，小說中的主角正是卡謬心目中荒謬的人。故事一開頭敍述主角收到養老院拍來有關他母親死亡的電報，跟著便向老闆請假，到養老院奔喪，但主角的心情一直是冷漠的，甚至冷漠到不願看一眼母親的遺容，整個奔喪過程也沒有流過眼淚，回家後還能痛快地睡一覺。第二天馬上更約女友往海濱暢泳，看喜劇電影，並與女友發生性關係。第三天女友走了，閒得無聊地打發時間，覺得「媽已長眠九泉，明天又要照常上班，看來我的生活就像一池死水，一點也沒有變化。」[10]後來，他偶然地殺死了一個阿拉伯人。結果法院根據他喪母後冷漠無情及放蕩混亂的生活表現，判斷他本性惡劣，應處以死刑。主角看到在整個審訊過程之中，所謂公義、法律、宗教都只不過是一大堆荒謬的行徑，他形容自己的心好像變成了石頭，心情顯得麻木和冷漠，不再覺得有需要作出自辯，在故事的結尾時，只留下這樣荒誕的遺言：「為了讓我不覺得太孤單，惟一剩下的希望，就是我被處死刑的那天，會有一大羣觀眾，他們用怨恨的叫喊迎接我。」[11]

雖然死亡是異鄉人的結局，但這位異鄉人絕對不是厭世，也並非向虛無屈服。他畢竟是清醒的，他能看清人世間的荒謬性，然後以反叛的態度去對荒謬提出抗議。上文提過，卡謬主張在虛偽的苟存與忠誠的自殺之間寧願選擇後者，故此《異鄉人》似乎可以被視為這種觀點的註腳。但《異鄉人》真正想表達的其實是生命面對荒謬時可以活出的反叛性，這種思想在卡謬的《薛西弗斯的神話》和《反叛者》（*L'homme revolte*）中更表露無遺。面對非理性的荒謬人生，不一定要選擇自殺，反而要好好活下去，以反叛的精神跟荒謬戰鬥到底。卡謬作為一名人道主義者，儘管從刻板、因循、從俗和冷漠的生活中指出人生和世界荒謬的本質，不過最終目的還是要從這種否定中反過來肯定個體的自我存在價值。

「我反叛，故我們存在。」[12]卡謬心目中的反叛者，是一個既向當下存在說「是」，又向虛渺的將來及永恆說「不」的希臘悲劇式的英雄。而反叛者向將來及永恆說「不」這種反抗，卡謬又稱之為「形而上學的反叛」。這種反叛的矛頭直指人和世界所邁向未來的目的，也直指作為世界目的因的上帝。對卡謬而言，就算上帝不存在，就算沒有永恆的天堂，就算世界充滿苦難和荒謬，能夠以反叛者的存在方式活在今天跟荒謬抗爭，這就是最真實的人生。無疑卡謬只打算在荒謬中掙扎求存，以最堅強的意志力活下去，但他對能夠改變這世界的荒謬性是不存厚望的，他也沒有將來，甚至認為以將來更美好的結局來將當下所受的種種苦難合理化的舉動是更不道德的。

三 絕望冷漠的人與苦難的人生——莫特曼的回應

雖然莫特曼跟卡謬同樣關心那種絕望以致冷漠的受苦者經驗，但彼此的解釋和結論卻有不同。在莫特曼的成名作《盼望神學》(*Theologie der Hoffnung*) 裏，他將「絕望」理解為「不信的罪」，因為「絕望」乃是意味著人對上帝的應許缺乏信心，人不再相信將來會出現新的可能性，以致生命不但停滯不前，甚至故步自封，退縮下來，對人對事冷漠無情，應愛而不去愛，應伸出援手卻袖手旁觀。所以，莫特曼認為這是一種「當做而沒有去做的罪」(sins of omission)，也是對上帝缺乏信心的表現。莫特曼認為卡謬所描述的「薛西弗斯的神話」，正正就是對將來缺乏盼望，以及不再需要上帝的最佳寫照。[13]因此，對莫特曼來說，受苦不一定致死，但由受苦而變得對生命麻木不仁、冷漠無情和死心絕望的話，這種存在狀態才是致死的絕症。正因如此，「奧斯威辛」苦難令人費解的不僅是神義論這類的宗教哲學思辨的問題，更嚴重的是在苦難中目睹冷漠的荒謬性，正如莫特曼說：「為甚麼人們竟不說話？他們冷眼旁觀，或轉面他看，或閉上眼睛，以致受害者孤立無援、悽悽慘慘地被送上屠殺的境地。」[14]

研究莫特曼神學的專家包衡 (Richard Bauckham) 指出，無神論者卡謬的思想 (尤其在《反叛者》內的思想) 對莫特曼的神學 (尤其對《被釘十字架的上帝》(*Der Gekreuzigte Gott*) 這本書) 有一定的影響。[15] 在這書裏，莫特曼指出：「形而上學無神論也把世界當作神性的一面鏡子。」[16]可惜世界上連場可怖的戰爭、奧斯威辛苦難的經歷、無辜者慘遭殘忍的殺害，都使人相信這個世界就是地獄，一個如此不公義、荒謬、邪惡和充滿苦難的世界作為一面鏡子，也只能「是一面破鏡，裏面沒有上帝的慈悲面孔，有的只是荒謬與虛無的猙獰嘴臉。」[17] 因此，無神論者宣告，這面破鏡所反映的只是惡魔、只是荒謬、只是虛無！這無疑是無神論對傳統有神論作出尖銳的批判和挑戰。

莫特曼對卡謬作為一位抗議的無神論者（Protest Atheist）所提出的「形而上學的反叛」的分析特別感興趣，按照莫特曼的看法，卡謬特別揀選了陀思妥耶夫斯基（Dostoevsky）筆下的小說人物伊凡．卡拉馬助夫（Ivan Karamazov）作為「形而上學反叛」的典型代表：

> 卡謬追隨陀思妥耶夫斯基，把這種無神論叫作「形而上學的反叛」。……在卡謬看來，形而上學的反叛……是起源於有著位格化上帝概念的《聖經》。「我們今天體驗的反叛的歷史……是該隱的後代的反叛歷史。在此意義上，使反叛能夠啟動起來的，首先是《舊約全書》的上帝。」無神論的這種形而上學反叛有甚麼後果呢？卡謬說：「我反抗——故我在」。作為遭受苦難的人，作為對非正義深惡痛絕的人，「我們在」，我們甚至比諸神和有神論的上帝在更大程度上在。……只要人接受並選擇自己的死亡，他就會把自己提升到一種沒有任何動物和神靈能夠相比的自由之中。……對不可能死的上帝的形而上學反叛之頂點，是自由選擇的死亡，這叫做自殺。這是抗議的無神論之極端的可能性，因為只有這種可能性才能使人成為自己的神，以使諸神成為可有可無的東西。[18]

其實伊凡對神義論所作出的形而上學的反叛，只是將人義論(anthropodicy)代替了神義論，[19]他所提出的無神論實質上只是重複神義論的問題，因為伊凡的無神論最終還是帶來虛無主義。正如莫特曼所說：「抗議的無神論如果用人來取代上帝，把人加以神化，以至宣佈他是至高無上的存在：全能的、正義的、無限的、善良的，那就錯了。」[20]無神論只是重複著神義論或有神論的邏輯，因此，莫特曼稱「無神論表明自己是有神論的兄弟……有神論振振有詞地講上帝……無神論同樣振振有詞地講虛無，它表現在苦難與邪惡的所有毀滅性經驗之中。無神論是有神論不可避免的反命題。」[21]無疑卡謬指出了形而上學的反叛是由上帝啟動的，但莫特曼認為那不是舊約聖經的上帝，而是由傳統有神論的上帝所啟動的。

四 漠然、強權的上帝——希臘式有神論的上帝觀

對莫特曼來說，人在苦難中所生的絕望和冷漠的感受，實在跟傳統的有神論相關，而有神論的問題同時也就是神義論的基本問題：當面對人世間窮凶極惡的苦難發生的時候，為何全能、全善和絲毫不會受傷害的上帝，可以容許無辜者受到傷害呢？聽到受苦者在黑暗無助中聲嘶力竭的呼求，為何全能的上帝竟不伸出援手？為何上帝這樣冷酷無情呢？莫特曼同意，以上來自無神論者有關神義論問題的詰問不是毫無道理的，他承認傳統有神論所反映的上帝觀不但未能解決苦難的問題，甚至可能正是這種上帝觀導致無神論者對神義論提出合理的詰問。

按照莫特曼的看法，其實無神論和有神論在思考這問題

的進路上同樣犯了一個毛病，就是從一套傳統有神論的上帝觀出發去思考苦難的問題，並將這種形而上學式的有神論的上帝觀跟苦難放在一個對立面，從而試圖對苦難的現象及出現的原因尋索一個形而上學的解釋，以致長久以來仍很難解決纏繞雙方的矛盾。

莫特曼認為，傳統有神論的上帝觀深受二元論式希臘哲學的影響。柏拉圖的「形相論」(Theory of Idea) 和亞里士多德的「永恆不動實體存在的證明」，深深影響著初期教會和中世紀一些神學家對基督教的上帝觀和基督論的理解。中世紀的有神論者阿奎那 (Thomas Aquinas) 的五路論證 (The Five Ways)，正正就是結合了柏拉圖的二元論和亞里士多德的宇宙論論證而建立的。宇宙論論證的方法必定從這個有限、可變的物質世界出發，然後採取一種否定的方式 (*via negativa*) 來建構基督教的上帝觀。如果物質世界 (包括人) 是多元的、有限的、短暫的、可變的、偶然的、會朽壞的、會受傷害的、非自足的、非理性的、邪惡的、無能的、動情的。作為一位至高的上帝，固然跟這個物質世界不同。基於此，至高的上帝就必定是一元的、無限的、永恆的、不變的、必然的、不朽的、不受傷害的、自足的、理性的、全善的、全能的、不動情的 (impassible)。[22] 既然上帝本體上必然具備這些屬性，就自然不能說完美的、不動情的上帝會受苦受傷害了。

同時，身處在這種希臘哲學的氛圍底下，基督論中神人二性和基督受難也是很頭痛的問題。初期教會不少教父對基督神人二性的理解，正是將上述所有有關上帝的屬性歸給基督的神性；而將物質世界中的短暫的、可變的、會受傷害的屬性歸給基督的人性。如此說來，「人子基督只可能『按肉體』

和『在肉體裏』受難，即在祂的人性本質中受難。」[23] 莫特曼指出，阿奎那同樣有類似的觀點：

> 按照托馬斯·阿奎那的說法，基督的受難只是就人性本質而言的神性本質的代替。人性本質是它所表現出來的東西，能夠受難；它並不關涉神性本質本身，因為神性本質是不能夠受難的。[24]

這樣說來，在十字架上受苦受死的只是耶穌的人性，基督的神性是不可能受苦的。

對莫特曼而言，若按照希臘式有神論的上帝觀的講法推論下來，我們所相信的必然就是一位漠然、不動情的上帝。莫特曼對漠然（*apatheia*）這個詞有以下的定義：

> 它意指不能為外界的影響所動，不能感覺——如死的東西那樣——以及精神之擺脫內在需要和外在破壞。在物理學意義上，「漠然」這個詞意味著不可改變；在心理學意義上意味著不敏感；在倫理學意義上意味著自由。[25]

有神論的上帝是完美自足的，不能在上帝的完美上加添或減少甚麼。因此人世間任何的喜樂與痛苦，均不能對完美的上帝構成任何的影響和改變。然而，莫特曼說：「有神論的上帝很可憐，祂不能愛，也不能受難」。[26] 他又說：

> 一個上帝若只是無所不能，那祂本身就是一個不完

全的存在，因為祂不能體驗孤苦無助與軟弱無能。……因此，一個會體驗孤苦無助的人，一個由於愛因而受難的人，一個能死的人，比一個不能受難，不能愛，不能死的無所不能的上帝更富足。[27]

此外，對受苦者而言，這樣一位不動情、不能愛的上帝，在聽到受苦者遭受苦難時所發出的哀聲，也只能以冷漠無情、無動於衷的態度淡然處之。當人在苦難中感受不到上帝愛的回應，在怨憤過後，剩下的可能就只有不動情的漠然反應，因為他以為惟有無愛無恨才能抵消苦難的消磨。

不再愛人甚至不再愛自己的人，就不再遭受苦難。因為他沒有哀傷，沒有感情，麻木不仁了。這種麻木不仁是我們這個時代的病，一種人和制度的病，一種導向死、導向個人與普遍的死的病。[28]

這正是異鄉人所表現的冷漠，也是奧斯威辛苦難所表現的冷漠。如果絕望是不信的罪，則冷漠就是不愛的罪。

莫特曼清楚指出，有神論和無神論在面對苦難的問題時都無濟於事，因為它們只是一個錢幣的兩面，表面上不同，但實際上兩者都從「上帝與人從根本上說是同一個實在」[29]這前提出發去各自發展自己的論據：

歸諸上帝的，一定來自人；而歸諸人的，一定來自上帝。有神論把上帝想像成一個全能的、完美的和無限的實在。這使人處於不利地位。因此，在有神

> 論裏，人看上去是一個無援無助的、有毛病的、有限的存在。[30]

有神論的上帝觀是以犧牲或貶低人的價值來成就的。表面看來，無神論反對有神論的觀點，但莫特曼認為無神論在長期的鬥爭中，它「僅僅是有神論的一種顛倒了的形式」[31]，即

> 它(編按：指無神論)靠犧牲上帝把人想像成一個強大、完美、無限和富有創造性的存在。它「使人成為人的至高無上的存在」(馬克思)，並且為了把人加以神聖化，把所有舊的神聖謂語用於對人的描述……人是自己的根據，是自己的創造者自因(*causa sui*)。[32]

因此，可以說有神論跟無神論是一脈相承的，前者為後者的出現預先鋪路。莫特曼認為有神論思想表現為三條主要思路，其中一種就是那全能、強大、榮耀和擁有絕對主權的上帝，表現為有著帝國統治者形像的上帝，但莫特曼認為這種形像就是偶像，而這種建基於榮耀神學的有神論無異於偶像崇拜。[33] 不過最大問題還是當無神論者試圖將人來取代上帝並坐在上帝的王位的時候，就會「用從上帝那裏奪過來的屬性來粉飾人」。[34] 故此，這種有神論所表現出來的帝國統治者形像的上帝，便成為孕育專制極權政治的溫牀。這也說明德國納粹主義的極權政治和大屠殺、史太林主義和伊斯蘭的獨裁政權，可能正是由這種有神論的上帝觀間接造成的。

故此，對莫特曼來說，問題不是奧斯威辛之後，人們還應否談論上帝；而是奧斯威辛之後，人們應該談論的是一個怎樣的上帝？怎樣的上帝才能使人們仍可以有力量生活下去呢？在他的心目中，他要尋找一種神學來超越有神論和無神論的爭論，答案就是三一論式的十架神學，他如此說：

> 藉著三位一體的十字架神學，信仰可以超越有神論和無神論的爭論，避免在它們之間作二者擇一：上帝不僅是彼岸的，也是此岸的；祂不僅是上帝，也是人；祂不僅是統治、權威和法律，也是受難與解放的愛。[35]
>
> 作為一種十字架神學，基督神學是對哲學和政治一神教的批判，是從哲學和政治一神教中解放出來。為了使受苦受難、必有一死的人受到上帝的庇護，有神論說，上帝不會受苦受難，上帝不會死。但基督信仰說，上帝在耶穌的受難裏受難，上帝在耶穌的十字架中死去，以使我們得以在耶穌基督的未來裏復活、享有生命。[36]

因此，十架神學乃是意味著上帝觀的一場革命，而且這種有別於傳統有神論的上帝觀，是關乎到受苦的生命如何得到解放與救贖的問題。

五 從盼望到十架上三一的上帝

既然苦難會帶來漠然與絕望，因此最重要的便是讓受苦者在苦難的折騰中重新燃點起希望，而莫特曼認為若要講盼望，就不能不講終末論，因為終末論就是關乎基督徒盼望的教義。不過傳統二元論式有神論講終末的盼望，多數強調那永恆不變的上帝將人從變幻的苦罪世界中拯救出來，撤離此世進入那永恆的彼岸世界(天堂)。這種講法往往將盼望的焦點，放在將來那永恆的彼岸世界對當下變幻此世的對立與否定之上，可是這種盼望，不能為面對及克勝現世此時此地的苦難提供積極的幫助，甚至會使人對此世不再寄存任何厚望。

莫特曼認為，這種否定此世的末世觀，是一種抽離基督事件的末世觀。他強調基督徒講終末的盼望自然不能離開基督的復活事件來思考，基督從死裏復活正預示了世界歷史邁向將來終末嶄新的景象。不過由於復活的主和十架上受苦的主是同一位的主，所以基督徒講終末的盼望就不能單講基督的復活而不講基督的受苦，盼望神學必須建立在十架神學之上。基督從死裏復活也意味著基督已克勝了苦難與死亡，已否定了主宰苦難世界一切的荒謬與虛無。

這樣說來，基督徒就不是定睛於彼岸世界而講盼望，而是定睛於住在我們中間，並且受苦與復活的基督身上而講盼望，這位活在此世苦難之中的「受苦的上帝」，同時也是一位將終末的盼望帶來人間的「盼望的上帝」。這樣講盼望就不是一種從非時間性的永恆對時間的否定的方式來講盼望，而是將永恆和時間放在一種既斷且續的辯證關係中來講盼望。既不是消極地否定此世，逃避苦難，或把自己置身事外，同時也不是完全擁抱此世，被此世同化，以為終末只是此世邁向將來的延續。莫特曼始終強調，終末的將來既非否定此世，但同時必須又有別於當下的此世。[37]何以能夠如此既斷且續地講盼望？包衡分析得很好，正因為莫特曼能扣緊十架神學來講盼望神學，他如此說：「對於莫特曼的終末論，十字架與復活的絕對矛盾『跟』被釘死又復活的同一耶穌，兩者都是決定性的。」[38]

然而，莫特曼講十架神學，又有別於一直以來單從人需要救贖和傳統神人二性的基督論來講十架神學。他認為在思想十字架如何拯救罪人這問題之前，首先要思想及回答的是：「對上帝自身來說，耶穌的十字架意味著甚麼？」[39]然後才考慮上帝在十字架上的自身經歷如何影響十字架對救贖及克勝苦難的意義。其實莫特曼要告訴我們，上帝想藉著十架事件的經歷，向我們啟示這位三一的上帝是怎樣的上帝。換言之，十架神學需要扣著啟示觀來講論。究竟十架事件所啟示的上帝是誰？

首先，基督在十架上的受死和復活呈現了一種辯證關係：如果死亡是對生命的否定，則復活又是對死亡的否定，即基督的生－死－復活是一種否定的否定的正反統合的辯證關係。不要忘記這種具有辯證關係的事件是發生在上帝自身生命之內的，上帝正是透過基督的生－死－復活這種辯證關係的事件來啟示其自己。然而，三一上帝在這個「否定的否定」的辯證過程中所啟示的又是怎樣的上帝觀？

由於有神論和無神論同樣犯了將上帝的存有（或屬性）跟苦難對立起來的毛病，因此莫特曼要扭轉這種錯誤，上帝的存有和苦難不但沒有對立，上帝反而要在基督的受難事件上啟示祂是一位怎樣的上帝。莫特曼要回到上帝受苦這種十架神學來思想上帝是誰及人世間苦難的問題。「如果上帝不能受苦，基督教信仰如何能夠將基督的受難理解為上帝的啟示？」[40]要回答此問題，則十架神學又不能不扣著三一論來講，莫特曼甚至說：「十字架神學必須是三位一體教義，三位一體教義必須是十字架神學，因為，若不如是，則人性的、被釘十字架的上帝便無法被充分體悟。」[41]

在十字架上，聖父和聖子之間發生了甚麼事呢？當耶穌在十字架上向父神呼喊：「我的神！我的神！為甚麼離棄我？」(可十五34)的時候，十架事件所啟示的是一位無能、軟弱、經歷羞辱、被離棄、受苦的上帝。在十字架上，聖子是被棄絕者，相對而言，聖父就是棄絕者。不過莫特曼認為聖子也是棄絕者，因為聖子不但被聖父離棄，也被自己棄絕。理由是聖子主動地交出自己的性命，祂自己棄絕自己。此外，當聖子既被聖父離棄，也被自己棄絕的時候，並非單單聖子自己孤單地承受上述被棄絕的痛苦經歷。聖父雖然沒有經歷親身釘在十架上的痛苦，但祂卻經歷失去獨生子的痛苦，「交出祂的父親是在無限的愛的悲痛中蒙受兒子之死的」。[42]在十架上，聖父和聖子同時經歷了「兒子之無父親與父親之無兒子」，這種失去對方及關係斷裂之苦痛。[43]

毫無疑問，聖父和聖子是在愛與合一中經歷離棄與失去對方的哀痛，十架事件使離棄與合一表現出一種辯證的統合關係，如莫特曼說：

> 在十字架中，父親與兒子在遺棄裏最深刻地相互分離，與此同時，在他們的獻身中又最內在地合為一體。在父親與兒子之間的這個事件裏發生的，是聖靈，使罪人稱義，使被遺棄的充滿愛，使死者再生，因為即使他們死了，這一事實也不能把

> 他們排斥在十字架事件之外；上帝身上的死也包括他們。[44]

十架事件一方面啟示了三一上帝內在生命裏最深刻的愛與合一，三一上帝在十架上的苦難經歷啟示了「神就是愛」(約壹四16)，因為不會受苦的上帝就是一個不會愛的上帝，如莫特曼所說：

> 一個上帝若連受苦也不會，祂就一定是一種不能被涉入(be involved)的存在。苦難與非正義並不對祂產生任何影響。由於祂的麻木是如此徹底，祂不會被任何人或事所影響和動搖。祂不能哭，因為祂沒有眼淚。[45]

在輔導學中有一種輔導的技巧叫做「同理心」(empathy)，意思是輔導員透過愛心和想像力代入受輔導者的痛苦處境或困難中以收感同身受的效果。不過這種代入還不及上帝親自在十架中受苦那麼徹底，上帝不僅以「同理心」來想像及代入人世間的苦難，十架事件更啟示了這位愛的上帝已經將人的受苦和被棄絕的景況全然承擔過來，甚至擁抱進自身生命之內而甘願讓自身生命受影響、受打擊、受傷害，這受苦受死的經歷成為三一上帝自身生命的一部分，在十架上上帝與受苦的人成為一體(solidarity)。[46]莫特曼到這時才講甚麼是拯救：

> 只有當一切災難、被上帝遺棄、絕對的死、永恆的詛咒以及淪入虛無等等在上帝自身裏面時，與這樣

> 一個上帝的一致才是拯救、無限的歡樂、不可摧毀的揀選與神性的生命。……在這上帝的歷史裏，沒有甚麼苦難不是上帝的苦難；沒有甚麼死不是上帝在歷史上各各他的死。因此，沒有甚麼生命不被祂的歷史整合到永恆生命裏，整合進上帝那永恆的歡樂裏。[47]

正如莫特曼説：「產生於父親的悲痛與兒子之死的，是無條件的愛，因而也是無限的愛。這種愛延及被遺棄的人，從而在他們裏面創造新生命的可能性和力量。」[48]惟有這樣，人從奧斯威辛集中營的苦難所經驗到的絕望，卻被這位愛和盼望的三一上帝徹底地承擔並克勝了。若受苦者能定睛在這位上帝身上，儘管在此世中的不幸、困苦、荒謬和死亡仍然發生，但主宰這些痛苦現實的虛無力量最終已被復活的主所克勝。若能從這終末超越的向度來閱讀現世的歷史，就能看到歷史是可以被超越的，是有轉機的，而擺在面前絕對是有嶄新的可能性的。

註釋：

1 在第二次世界大戰期間，德國佔領了波蘭，在波蘭興建了幾個囚禁戰俘的集中營，其中一個就是在波蘭南部奧斯威辛這地方所興建的集中營，這集中營有另一個別名叫「殺人工廠」，是希特拉用來屠殺大量戰犯的地方，其中猶太人被屠殺得最多，估計大約有一百一十多萬猶太人被送進毒氣室毒死。

2 轉引自劉小楓：〈祈求與上帝的應答〉，收於《道風漢語神學學刊》第三期（香港：漢語基督教文化研究所，1995秋），頁10。

3 轉引自劉小楓：〈祈求與上帝的應答〉，頁10。

4 漢斯·約納斯(Hans Jonas)著，張榮譯：《奧斯威辛之後的上帝觀念——一個猶太人的聲音》（北京：華夏出版社，2002），頁7。

5 參Jürgen Moltmann, ed. *How I have changed: Reflections on Thirty Years of Theology* (London: SCM, 1997), 13～20。

6 莫特曼(Jürgen Moltmann)著，鄧肇明譯：《公義創建未來——和平政治與造物倫理》（香港：基道書樓，1992），頁25。

7 Jürgen Moltmann, *Theology of Hope* (London: SCM, 1990), 84；「轉化」這詞具有很強的實踐性的味道，莫特曼這種看法很明顯是受到馬克思思想的影響。

8 卡謬(Albert Camus)著，張漢良譯：《薛西弗斯的神話》（台北：新文化出版社，19--），頁33。

9 卡謬：《薛西弗斯的神話》，頁36。

10 卡謬著，康樂意譯：《異鄉人》（台北：金楓出版社，1987），頁23。

11 卡謬：《異鄉人》，頁123。

12 卡謬著：《反叛者》，收於氏著，杜小真譯：《置身於苦難與陽光之間——加謬散文集》（上海：上海三聯書店，1989），頁64。

13 參 Moltmann, *Theology of Hope*, 22～24。關於莫特曼對「絕望」的看法，另可參考鄧紹光著：〈死於絕望自盡〉和〈復活的盼望與十架的受苦〉，收於氏著：《終末·教會·實踐——莫特曼的盼望神學》（香港：基道出版社，1999），頁27～34及67～74。

14 莫特曼：《公義創建未來——和平政治與造物倫理》，頁25。

15 Richard Bauckham, *Moltmann: Messianic Theology in the Making* (Basingstoke: Marshall Morgan and Scott Publications Ltd.), 76.

16 莫特曼著，阮煒等譯：《被釘十字架的上帝》（上海：上海三聯書店，1997），頁268。

17 莫特曼：《被釘十字架的上帝》，頁268。

18 莫特曼：《被釘十字架的上帝》，頁271～272。

19 參Richard Bauckham, *The Theology of Jürgen Moltmann* (Edinburgh: T&T Clark, 1995), 76～77。

20 莫特曼：《被釘十字架的上帝》，頁273。

21 莫特曼：《被釘十字架的上帝》，頁271。

22 參 Jürgen Moltmann, *The Trinity and the Kingdom of God: The Doctrine of*

God (London: SCM, 1981), 11。

23 莫特曼：《被釘十字架的上帝》，頁280。

24 莫特曼：《被釘十字架的上帝》，頁281。

25 莫特曼：《被釘十字架的上帝》，頁329。

26 莫特曼：《被釘十字架的上帝》，頁311。

27 莫特曼：《被釘十字架的上帝》，頁272～273。

28 莫特曼：《被釘十字架的上帝》，頁311。

29 莫特曼：《被釘十字架的上帝》，頁306。

30 莫特曼：《被釘十字架的上帝》，頁307。

31 莫特曼：《被釘十字架的上帝》，頁308。

32 莫特曼：《被釘十字架的上帝》，頁308。

33 其餘兩條思路分別是：一為有著道德之能的人格化形像的上帝；二為有著終極哲學原則之形像的上帝。參莫特曼：《被釘十字架的上帝》，頁307。

34 無神論者之所以能夠如此做，因為有神論的上帝觀正是人按著自己的形像創造出來的，換言之，有神論的上帝觀即是人觀，因此無神論者就能直接將這人觀拿來使用。參莫特曼：《被釘十字架的上帝》，頁308～309。

35 莫特曼：《被釘十字架的上帝》，頁310。

36 莫特曼：《被釘十字架的上帝》，頁263。

37 鄧紹光對莫特曼這種對世界既斷且續態度有很好的分析，參氏著：〈非斷非續的世界〉，收於氏著：《終末．教會．實踐——莫特曼的盼望神學》，頁119～129。

38 Richard Bauckham, "Moltmann's Theology of Hope Revisited," *Scottish Journal of Theology* 42/2 (1989), 204.

39 莫特曼：《被釘十字架的上帝》，頁245。

40 Moltmann, *The Trinity and the Kingdom of God*, 21.

41 莫特曼：《被釘十字架的上帝》，頁296。

42 莫特曼：《被釘十字架的上帝》，頁299。

43 莫特曼：《被釘十字架的上帝》，頁299。

44 莫特曼：《被釘十字架的上帝》，頁300。

45 莫特曼：《被釘十字架的上帝》，頁272。

46 Moltmann, *The Trinity and the Kingdom of God*, 118～119.

47 莫特曼：《被釘十字架的上帝》，頁302～303。

48 莫特曼：《被釘十字架的上帝》，頁301。

牧靈及生命見證篇

7

教會對受苦者的牧養及心靈關顧

張慧玲

一 教會住在受苦的世界

教會是篤信基督的羣體，是基督的身體，回應祂的呼召，在地上彰顯祂的生命，服於天國的管治下，傳道服事世人。廣義看教會應包括地方堂會、差會、福音機構等教會聯合的見證。狹義而言，教會是指地方堂會羣體，信徒在其中受洗，受教導和牧養，學習遵行主的教訓。教會由每一位歸屬基督的人組成，當基督徒活出主的教訓，順服神的旨意，他就是教會的代表之一，是基督的見證。

基督道成肉身，住在苦難的世界，進入受苦的人中間，教會跟從基督，也該如此。路加福音引介耶穌的召命是：「傳福音給貧窮的人，宣告被擄的得釋放，瞎眼的得看見，受壓制的得自由，又宣告主悅納人的禧年。」(參路四16～21) 當施洗約翰派的門徒問耶穌是否基督時，耶穌以自己所作的：「瞎子得看見，跛子可以走路，患痲瘋的得潔淨，聾子得聽見，死人復活，窮人有福音聽」為記號（參路七22～23），祂的著眼點不在於神蹟異能，因為祂並沒有列舉改變大自然的神蹟，乃是著眼於受苦的人得救，基督的標記是愛護和服事受苦的人。耶穌教導門徒生命的意義不在乎衣食豐富，乃在於追求神的國；神的國是由慈悲憐憫的神管治的，因此祂接著要求門徒變賣所有的賙濟人（路十二22～34）。「變賣」是指轉換成為價值，使受苦和缺乏的人得供應，祂要求的不單是財物的變賣，更是生命的取向，以天國為念來分配地上所有的。

如此看來，教會的標記也是靠主以愛進入苦難的人中，而非只求自保和逃避；面對苦難，需要我們感同身受而非冷靜思考。教會要尋求機會為受苦者發聲，也在可能的情況下解救受困苦的人。教會也確曾努力實踐主的使命，歷代以來不斷住在受苦者中間，以下略舉見證：中世紀瘟疫爆發時基督徒和修士服事疫區的病人；德蘭修女（Mother Teresa）倚靠基督的名服事貧窮及受苦的人；薩爾瓦多大主教羅米洛（Oscar Romero）面對國家多年內戰，發表言論要求政府改善人民的生活，並要求軍人不要殺害無辜的平民，最終導致在一九八〇年主領彌撒時被軍方指派的人槍殺。還有眾多基督徒開展的救災扶貧事工，如世界宣明會、香港的施達基金會。又有香港福音機構服事窮人，如工業福音團契、城市睦福團契、新福事工協會等。聯合行動如香港教會更新運動發起的「教會關注失業行動」、二〇〇四年馬鞍峯教會（Saddleback Church）華理克（Rick Warren）牧師發起全球的"PEACE plan"（PEACE——Plant new churches, or partner with existing ones, Equip leaders, Assist the poor, Care for the sick, Educate the next generation）[1]，推動地方堂會聯合行動，一起消滅貧窮和病患。二〇〇三年香港爆發急性呼吸道疾病期間，基督徒醫生和護士自願進入隔離病房服事病人，為基督作了美好的見證。又如香港中國基督徒傳道會中基堂牛頭角成長坊，於當年傳染病高峯期，為牛頭角下村十三至十四座長者清潔樓宇公共地方，為長者提供湯水作預防；受苦的人深切感受被棄和孤單，而「以馬內利」的意思是神與人同在，正如行動召集人翁靜淳牧師提出行動的精神：「同甘共苦你共我——你不孤單，我在這裏」。

二 念人間疾苦

耶穌一句：「在世上你們有苦難」，言簡意賅，道出祂對苦難深切的認同。苦難實在以不同型態臨到，幾乎沒有人可以倖免。苦難有源於天然災難，如地震、海嘯、風暴、龍捲風等；亦有源於人為的因素，如因犯罪而受苦、暴力事件、戰爭、嚴重交通意外、虐待、迫害等；也有一些既可能是天然也可能是人為的災害，如火災、洪水、建築物倒塌等。

苦難亦有源於生理疾病，如癌症、長期病患、愛滋病、肺炎等；或源於心理疾病，如焦慮、精神病、抑鬱症、情緒病等；或源於貧窮，如物質缺乏，飢荒等。也有時因著心靈的創傷而引起，如災難後創傷、人際關係的破裂、親人離世等。

基督徒精神科醫生麥基恩指出，有些人因為災難和嚴重創傷，導致精神問題，不少人在創傷事件後被診斷為「創傷後壓力障礙」：

> 創傷後壓力障礙的定義是『當人遇到嚴重創傷事件後，在廣泛方面所產生的焦慮障礙』，這些人的認知失衡，

> 只能看到其負面意義及有偏差的追憶，以致對事件之評估難以客觀。及後，為了避免再次遇到類似事件，便產生很多過分逃避或尋求安全的行為，例如：不敢再到、甚至接近曾發生意外事件的現場或看報紙，而這種惡性循環的行為，會加深其負面思想，以至更加不敢去面對懼怕的事物或情況。[2]

疾病需要藥物或護理，貧窮和飢餓需要食物或生活供應，心靈創傷則需要心靈護理。基督徒臨牀和諮詢心理學家（也是心理靈性健康協會[Institute for Psychospiritual Health]總監）貝內爾（David G. Benner）博士認為：

> 經歷心理靈性嚴重創傷之後，當事人往往表現得不由自主——那就是，無論是情緒、意志、認知或行為，都遭到某種形式的捆綁束縛。其中一個癥狀，就是不能自拔地一再去做我們不想自己去做的事，或沒有能力去做我們希望自己做到的事。其他的表現包括不敢去愛別人，或與人建立親密關係、經常性地發怒或出現猜疑、過分控制自己或別人、不願意作出深層和長久的委身，或經常被想討好別人和得到別人的愛這種非理性需求所束縛。[3]

苦難還原於靈性，正如詩篇道出：「以別神代替耶和華的，他們的愁苦必加增。」（詩十六4）我們離開神，也是離開了心中最深的盼望，而想藉別的受造物來找尋滿足和快樂，這使人陷入無盡頭的追逐，永遠無法得到滿足。除了神以外，沒有任何人、事、物能夠滿足我們至深的渴望。靈性的貧乏或愁苦，只有歸向神，與父神和好才可解脫，正如浪子要回家，接受寬恕和愛，才可以安頓。教會給予世人最好的服事，是將人的靈引回天父的家中。教會雖盡力解救受苦者，但斷不能根治苦難，甚至教會也會遭逼迫受患難。但教會即或在受苦中仍可以與受苦者同行，牧養受苦者，給予心靈關顧。

三 牧養受苦者

牧養的目的不是減除痛楚，乃是讓心靈滋長信心、愛心和盼望，讓信徒與神連結，領悟神的同在和作為，經歷安慰。正如詩篇二十三篇道出生命的經歷：「我雖然行過死蔭的幽谷，也不怕遭害，因為你與我同在，你的杖，你的竿，都安慰我。」弔詭的是，愛主的人經歷生理或心理痛楚時，心靈可以更有深度和豐盛，可以更澄明，享受神所賜的安寧。

筆者在大學相識的一位基督徒朋友，二○○五年因肺癌安息主懷。她患病後期最痛苦的時候，她最愛聽的一首詩歌是《我心靈得安寧》。這首詩百多年來安慰許多信徒，而更是作詞者在苦難中寫下的。作詞者司百福（Horatio G. Spafford，1828～1888年）出生於紐約，年輕時已經成為芝加哥地區很成功的律師，同時是熟讀聖經的基督徒，經常支持當時有名的佈道家慕迪及其他傳道人，並與他們同工。一八七一年芝加哥大火，他在密西根湖畔投資的大批房產付之一炬，他在憂傷中竭力重建芝加哥城，幫助無家可歸的市民。兩年後，即一八七三年十一月他計劃全家到歐洲休假，並參與英國慕迪佈道大會的工作，但因要處理緊急業務而安排妻子和四個女兒坐船先走。二十三日該船在冰冷的大西洋海上，被一艘英國船意外撞毀，十二分鐘之內傾斜沉入結了冰的海洋之中，終於二百二十六人喪生，只有四十二人生還。司百福接到妻子電報：「僅我被救，四位女兒死去」。他隨即乘船前往英國，到達出事的地點時，他遙望海面，心中的傷痛彷彿得聖靈安慰。回到船艙後無法入睡，就寫下心中的一句話：「安好；願主的旨意成就。」（"It is well. The will of God be done."）不久，他根據這意念寫成了這首詩。[4]現節錄第一節的歌詞：

> When peace like a river attended my way,
> When sorrows like sea billows roll,
> Whatever my lot, Thou has taught me to say,
> It is well , it is well with my soul.
> （譯：有時享平安如江河平又穩，有時遇悲傷似浪滾；無論何環境，我已蒙主引領，我心靈得安寧，得安寧。）

神的同在或許會減輕痛楚，但更多時候神使人有力承載苦楚。這種深度的牧養不是單靠人力可以成全的，乃是聖靈的作為。

牧養的方向不是幫助信徒避免受苦，乃是順著神的旨意而受苦，在神加力下承受苦難繼續行善，不讓苦難在心中滋生苦毒和仇恨。牧者彼得曾教導我們：

> 親愛的，有火煉的試驗臨到你們，不要以為奇怪，好像是遭遇非常的事，倒要歡喜，因為你們既然在基督的受苦上有分，就在他榮耀顯現的時候，可以歡喜快樂。……你們中間不可有人因為殺人，或偷

> 竊，或行惡，或好管閒事而受苦。……所以那順著神的旨意而受苦的人，要繼續的行善，把自己的生命交託那信實的創造者。（彼前四12～19）

發生於一九〇〇年的庚子事變，令大批宣教士及其子女為主殉道流血，為福音受苦。筆者深受當時其中一位中國內地會宣教士蓋落窪(Archibald Edward Glover，1861～1945年)一家的見證感動，他將自己的受苦記錄於《神蹟千里》一書內，[5]目的是為了堅固那些被召為基督及福音而受苦的信徒。神藉這本書牧養筆者，心得堅固。〈序言〉為這書作出精闢的摘要：

> 作者描述了悶熱得令人窒息的住房，滿懷敵意的暴民，自己則像在押的囚犯，坐光板獨輪手推車的旅途艱辛，車夫們故意讓車走在崎嶇不平的路面上顛簸；還有山頂上火辣辣的太陽，甚至被人剝去衣衫，就像經受了一場痛苦萬分的私刑，蓋落窪和他妻子(正懷著第三個孩子，即使在較好的條件下也不適於旅行)與兩個孩子半裸地落入狂野無法紀的農民手中。這一切都是為了基督。有一次他們不得不在乞丐羣的污穢惡臭中過夜，他兒子小賀德理說：「我想主耶穌在沒有地方可去的時候，也會在這樣一個地方睡覺……我們能像主耶穌，應該覺得高興……」
>
> 就像任何身為人夫者，眼見妻子遭到暴民圍攻，他焦灼痛苦地喊叫。有時候，神臨在的感覺強大得壓

倒一切；有時候，饑餓乾渴、餐風露宿和極度的疑慮憂驚，卻將人推入谷底：「原先那種有我主臨在崇高感覺——至此一直慰藉我們、賜給我們堅忍力量的——現在被挪去了」。……

內住人心中聖靈的大能，躍然紙上。一有任何需要，最自然的反應就是禱告；而且神不受限於人軟弱的信心……此外，神還「豐富地賜下恩典，使我們能忍受得住酷暑和身體方面的饑渴，也令我們有忍耐寬容的心，禮貌地對待那些粗魯推擠我們的人，回答他們以鄙視態度拋來的問題」。如果他們心中沒有主耶穌自己的靈，又怎麼可能在走投無路之際，以德報怨？並且還宣講福音。

《神蹟千里》更是福音的又一明燈。蓋落窪說：「在那樣一個時刻，能被屬天的愛與悲憫的靈所充滿，而不被人性中的憎恨之心所掌握，對我們來說，不啻證實了向來所傳講的福音乃是真理，是世上的任何哲學所無法解釋、推翻的。」[6]

神賜予教會一條牧養受苦者的道路，以下是四個可取的資源：

1. 耶穌就是受苦者的道路

教會被賦予獨一的屬靈資源，就是住在我們裏面的神的靈，祂會加給我們力量，在我們心中微聲說道：「我明白」、「我知道」，這就足以使人心得安慰。聖靈的任務是見證耶穌基督，祂會使我們想起主和神的道，神的道可以使人得智慧，心靈得甦醒。正如以賽亞書五十三章5節所記：「因他受的懲罰，我們得平安；因他受的鞭傷，我們得醫治。」祂體恤我們的痛苦。因此，我們惟一的出路是專注默念祂，如希伯來書十二章2節所教導的：

> 專一注視耶穌，就是我們信心的創始者和完成者。他因為那擺在面前的喜樂，就忍受了十字架，輕看了羞辱，現在就坐在神寶座的右邊。這位忍受罪人那樣頂撞的耶穌，你們要仔細思想，免得疲倦灰心。

堂會聚集時念誦神的本性、神的應許和拯救作為，聖餐禮和受苦節記念主的受苦都可使困苦人得安慰和牧養。

2. 藉禱告得與神結連

我們禱告時與神連結，可以得著出人意外的安慰。雅各書勉勵當時受苦的基督徒，同樣鼓勵我們在許許多多的試煉和試探中，要持久堅守信仰，其中指引受苦的人：「你們中間有人受苦麼？他就應該禱告。有人心情愉快麼？他就應該歌頌。」(雅五13) 另外，腓立比書也說：「應當毫無憂慮，只要凡事藉著禱告祈求，帶著感恩的心，把你們所要的告訴神。這樣，神所賜超過人能了解的平安，必在基督耶穌裏，保守你們的心思意念。」(腓四6～7) 。受苦是內心的感受，不單是表面的遭遇，貼心的安慰是發生於內在生命裏，是發生在心思意念裏的。牧養最重要的是禱告，而禱告不在於哪一種方式或哪一套禱文，乃是向神真誠傾訴和倚賴，在禱告中與神結連，禱告是接受祂的同在。當人苦不堪言，無力開口時，教會代受苦者禱告，讓他察覺神的同在。

3. 藉深交生命得承載

牧養與專業輔導有別，專業輔導是由受助者主動約見，目的是為了解決某些困擾；牧養是關顧者主動的同行，不會集中於處理問題，而著重關懷而非醫治，目的是建立基督徒品格。神著意要建立羣體：舊約的子民、以色列眾人、以色列家，新約的眾聖徒、信徒的家、基督的身體、團契、眾門徒和教會。神關心的是羣體中的個人，要將個人聚在一起。信徒彼此牧養、聆聽和抒發，深入對話，便建立起深交的團契。當其中一個受苦時，在團契內就會得著鼓勵、支持和盼望，這好像神賜予的救生索。

基督徒心理治療師克萊布（Larry Crabb）博士，[7]也是聖經輔導學會 (Institutes in Biblical Counselling) 的創辦人，主張教會要重新成為合神心意的羣體，成為使人得醫治的羣體，正如他說：

> 上帝按自己的形像創造我們，原意亦想我們同樣以心靈深處的資源彼此傾注。每當我們彼此傾注，便有深交。我認為我們大多數向輔導員求助的問題，背後都是關係破裂導致的。……而關係本身有處理這些問題的能力。[8]
>
> 上帝的心意是藉著一羣以祂相交的方式彼此相交的男女，叫人感受祂最大的影響力。這就是祂選擇彰顯自己的地方，藉此叫人知道祂重視關係的性情，叫原本被造享受完美關係的人見到的時候，便被召

> 歸向能完美地相交的上帝。……教會是最能清楚見到上帝的能力，最能深入感受祂的愛的地方，但我們卻失落了這觀念。[9]
>
> 我們的個人問題源於關係破裂，……醫治的方法便是重建關係。重建關係的力量來自經歷上帝恩慈的相交方式。祂以極重的代價赦免我們，祂在我們失敗時仍信任我們，祂極之尊重我們，以至於讓我們自己抉擇。當羣體中的人彼此以這種關係相交，便叫人感受到這種能力了。[10]

基督徒羣體以付出關懷而得著心靈滋潤，即使在困苦中仍可以深交，並因而在基督恩典中成長。這種深交有三個元素：由衷地聆聽、看清自己的真相、以對基督的愛觸摸別人的生命。[11]受苦的人在深交羣體必定得到承載，生命更堅強，經歷神的愛。

4. 藉詩歌心靈得甦醒

神的道藉詩章、頌詞、靈歌豐富地藏在人的心裏，並發揮奇妙的安慰力量。音樂、詩篇和哀歌能使人的心靈產生共鳴，能直入人心中深沉的洞穴。不論集體崇拜、或小組、或個人，或向患病的人唱安慰的聖詩，均可以分享一種難以言喻的心境，安息禮拜時唱詩亦可以助哀傷的親人抒懷。一九九八年筆者好朋友的六歲兒子因癌病逝世，由於有一段時間曾協助照顧這小孩而跟他有接觸，發覺他很有靈性和個性善良，因此對這小孩子特別有感情，十分不捨得他離世。出席安息禮拜時，詩班獻唱杏林子作詞的《你可知道》，一面聽一面受歌詞的感動而痛哭流淚，想起了杏林子本人身患重病而見證了歌詞的真實，一份對生命的肯定，以及對神敬畏的心更逐漸油然而生，神的確是深奧難測的，也是美善的。以下是詩歌的內容：

你可知道　　　　　　　　　　　　（杏林子詞）

沒有經過流淚的雙目，永遠看不到人間疾苦；
沒有經過流汗的耕作，永遠不懂收獲的快樂；
沒有試煉，沒有重擔，你不知生命潛力有多深；
沒有痛苦，沒有缺陷，你不知生命內力有多大。

沒有夏日炎陽的烤灼，永遠不知樹蔭的清涼；
沒有漫漫長夜的等待，永遠不見曙光的重現；
沒有試煉，沒有重擔，你不知生命韌力有多強；
沒有痛苦，沒有缺陷，你不知生命內涵有多大。

沒有狂風暴雨的肆虐，就顯不出彩虹的美麗；
溪流沒有礁石的阻擋，就擊不起浪花的飛舞；
你不知道，你不明白，萬事效力，愛神的人得益。
噢！主求袮，叫我明白，教導我們明白袮旨意。

總的來說，牧養源於三一神：天父的慈愛、主耶穌代贖受苦的恩惠和聖靈的感動和團契。我們藉著禱告、深交和詩歌走在耶穌的生命道路上，引領受苦的人親近神，注視神並經歷祂的同在。痛苦是發生在心靈之內，確實需要細心的關懷和護理，跟著下來，我們嘗試探討如何關顧受苦者的心靈。

四 心靈關顧

教會的心靈關顧是配合聖靈在人心的工作，像助產士接生，從旁支持。我們不是向著受苦者作教導或訓勉，也不是為他們做事，卻是與他們在已建立的關係上透過同在或對話進行心靈關顧。

心理靈性健康協會總監貝內爾博士在《心靈關顧》（*Care of Souls*）一書內道出了心靈關顧的精義：

> 關懷的目標是要鞏固和修復人內心深處及其全人的美好狀態，並且特別關注人的內在生命。……心理靈性健康可從人生命中的每一方面顯示出來。但最重要的，是從人由自我中心和只顧自己的心態，轉變為願意捨己愛人這一點反映出來。要學習成為一個完全的人，就等於學習去愛；使人的心理靈性得以健康的鍛煉，也就是愛的鍛煉，因為愛不單只是成全神的律法，更是實現自我。這意味著心理靈性愈是健康的人，愈是充滿生命力，同時，他們的生命也愈能流露出情感、同情心、正義感、真誠和坐言起行。……
>
> 此外，人由執意變成願意——即由要控制自己的人生變成願意降服於神的心意——亦是反映心理靈性健康的一個指標。……弔詭的是，神在基督裏應許賜給我們的豐盛生命，並不是來自緊抓不放，卻是來自釋放。它不是來自努力爭取，卻是來自甘願放下。它主要不是來自取得，而是來自施予。基督徒靈性的根本動力是在於放下與降服——放下我行我

> 素和對神的愛漠然不理之心態，降服於神的旨意和如今已內住人心中的聖靈。
>
> 心理靈性的健康亦從人愈來愈有被釋放的感覺反映出來——他已脫離罪疚和過分的焦慮，已脫離舊日的捆鎖，可以完全釋然地過今天的生活。此外，健康的指標還包括與別人的關係愈見親密，愈來愈認識自己，自我的意識和潛意識層面之間能有更坦誠的互通，個人那獨特和最隱密的真我得著實現，以及人格愈趨整合。[12]

如此看來，心靈關顧不是以解決困難為向度，乃是建立內在生命，讓人學習愛及降服於神，並達至人格整合。人生遭遇困苦患難未必是心靈健康的障礙，反而可以成為契機，讓人得著關顧而邁向心理靈性的健康。基督徒的靈性在受苦的景況中會獨特地成長。基督教信仰並沒有應許賜人健康、財富和生活順境，卻應許無論我們在苦難或福樂中，神都與我們同在。我們所認信的基督是一位受苦的僕人。因此，惟有當我們與那些承受痛苦、屈辱、飢餓和窮乏的人認同，透過他們的經歷看這個世界，我們才能真正認識那位親身來到世界，並親嘗人類痛苦的神。

心靈關顧不在乎施予者的學問和才能，不著重掌握説話技巧或理論，而是在於一份已建立的關係，用心真誠對話，甚至一言不發的接納和同在。教會對受苦者的心靈關顧是透過關係，幫助受苦者坦然面對苦難，並從中操練生命，達至心理靈性的健康。坦然面對苦難包括接受悲痛和損失，以願意的態度來生活，活在破碎和脆弱裹面，接受自己的有限性。

這樣，苦難便能結成生命的果實，就是仁愛、喜樂、和平、忍耐、恩慈、良善、信實、溫柔和節制。以下試詳細講述之：

1. 接受悲痛和損失

心靈關顧的重要一步是幫助受苦者接受悲痛，因為這是惟一的道路，使我們成為一個有憐憫心腸的人，模塑我們體現神的形像，因為神是有憐憫有恩典的神，[13]我們的主耶穌也是在受苦中學習順從——悲痛是通向憐憫的道路。[14]透過我們的眼淚，我們看見了一位受苦的神。我們一生中遇到不同的損失時，能為它們悲痛是重要的，否則壓抑會妨礙我們誠實地與神和與人相交。例如當我們遭遇被人傷害，我們允許自己感覺受傷害的痛苦，我們才可能真實從心裏饒恕那人。舊約以色列民經歷哀傷，他們盡情向神向人表達，留下了寶貴的哀痛詩篇，幫助我們表達哀痛。處於人生緊要關頭時，正是門徒受訓練的時刻，當信徒遭遇困苦，感受到生活的混亂，就應留意心中的哀傷和損失。正如主耶穌說：「哀慟的人有福了！因為他們必得安慰。」(太五4)

2. 以願意的態度來生活

我們要幫助受苦者坦然面對苦難，當我們坦然面對苦難，其實就是坦然面對生命，因為苦難是人生無可避免的一部分。倘若我們逃避自己和別人的痛苦，我們將永遠無法真正地認識平安和喜樂。苦難迫使我們面對自己的無能感，我們才可放下執意，執意的態度表示為了掌握自己的命運和操控現實，故意要自己與最深層的現實保持距離，即與神疏離；反之，以願意的態度生活，包括向一位比自己更大的實體降服，放棄以為自己可以掌管生命的想法。基督正是以願意的態度去過活，教會邀請人追隨祂的人生態度，就是：「不要成就我的意思，只要成就你的意思。」

3. 活在破碎和脆弱裏面

情感健康的堂會可以提供一個安全的環境，讓受苦的人安竭。受苦的人通常有失敗感、痛苦、疑問和掙扎。在情感健康的堂會裏，活在破碎和脆弱之中的人得到接納，也在這樣的光景中帶領人成長並認識神。教會的領袖不用裝作強者，不用怕在人面前流淚，不用怕誠實地在會議時表示：「我不知道怎樣作」。我們明白神國度裏的領袖是從底層開始的，而不是對人加以利用、控制、或者發號施令。領袖是從失敗和痛苦、疑問和掙扎中成長起來的。讓我們與受苦者一同接受缺陷，把它們當作一份禮物。我們在教會羣體中自由地談論我們的錯誤、無能和失敗。這是一種放手交託的服事。[15]

4. 接受有限性

人在困苦中最能體會自己的有限性，而人的限制來自個性、人生季節、生命的狀況、情感能力、體力、智力、負面情緒、從過去家庭或遭遇所受的創傷和傷疤等。受苦者的焦慮是怕自己的有限會引致被遺棄、不再被愛、人的尊嚴不保。心靈關顧最重要的是同在，給予他們尊重和接納，有助他們接受自己的有限性。成熟的生命就是喜樂地活在神給他的有限性裏面。

受苦者若得到這樣的心靈關顧，能坦誠面對苦難，經過一段過渡期，他們便能走出心靈的黑暗而進入光明，愁苦變為喜樂，生命更踏實和成熟，對其他孤寡、受傷害的人、卑微的人能有更多的理解和關心。

五 受傷的醫治者

在心靈關顧的服事中，成為關顧者最重要的條件是靈性成熟，因此關顧者個人的品格凌駕於對技巧的要求。[16]誰是受苦者最適切的心靈關顧者？就是受傷的醫治者，他／她需要具備以下的特質：[17]

1. 過來人最能關顧受苦的人

保羅說：「願頌讚歸與我們的主耶穌基督的父上帝，就是發慈悲的父，賜各樣安慰的上帝。我們在一切患難中，他就安慰我們，叫我們能用上帝所賜的安慰去安慰那遭各樣患難的人。我們既多受基督的苦楚，就靠基督多得安慰。我們受患難呢，是為叫你們得安慰，得拯救；我們得安慰呢，也是為叫你們得安慰；這安慰能叫你們忍受我們所受的那樣苦楚。我們為你們所存的盼望是確定的，因為知道你們既是同受苦楚，也必同得安慰。」(林後一3～7) 人生免不了受苦，但一個受過安慰的人卻具備關顧人的潛質，因他深深經歷過神的恩典，對生命有盼望，也能忍受痛苦的經驗，體恤受苦者的心情和困惑。

2. 內心有慈悲憐憫、有激情的人

真誠的關心必須出自有情的心，關顧者對人充滿深切和真誠的愛，才會具備真誠、親切、正直和坦率的特質。關懷

別人就是幫助人成為真正的人，而作為人的核心就是學習愛，這表示我們要按照別人的本相去關懷他們，而不用任何操縱手法去達到目的。關顧者要懂得信靠神，又信任關懷的對象。真誠的愛會引發信任感，有信任才會有坦誠的分享，也才會有心靈的對話。

3. 在靈性和心理方面均表現成熟

關懷受苦心靈的基督徒，其心理靈性必須成熟。成熟包括：他並不害怕面對自己和別人的強烈情緒，能夠容忍發生在自己或別人身上的痛苦經驗。他能對發生在別人身上的事情感同身受，但卻不會將別人的經驗混淆為自己的經驗。他透過生活經驗累積對自己合理的信心，也因著神的恩典相信光明總會勝過黑暗。他不會期望要獲得關懷對象的喜歡或喜愛，不會令受助者感到像欠了他的人情。這種成熟是經歷過人生的順逆、成敗、輕鬆和掙扎、犯罪與赦免、盼望與失望的遭遇，逐漸磨練而成的。他會對自己和人生相對地表現得輕鬆，並能夠不斷從本身或別人的經驗中學習。這樣心理靈性成熟的基督徒會帶著智慧與謙虛跟受苦者同行，正如德蘭修女對受苦者的服事如同作在主身上，她曾用以下的說話勉勵仁愛會的修女：

> The poor among the poor.
> We do no great things, only small things with great love.
> Serving with a smile. Treat those we serve as Christ.
> (譯：活在窮人中的窮人。
> 我們不作偉大的事，只用偉大的愛作微小的事。

帶著微笑服事人；服事受助者如同服事基督一樣。）

總括而言，教會羣體對受苦者的牧養，是以基督裏得的安慰與受苦人同在，具體做法和言行會隨真誠的心帶動而發。筆者很渴望以下部分鼓勵信徒作剛強的人，在苦難中反客為主，追求神賜的平安。

六 苦難中的靈命操練

神會透過困苦去鍛煉祂僕人的品格和順服，如摩西四十年隱藏於曠野牧羊中鍛煉了謙和，大衛要在逃避掃羅追殺中學習倚靠，主耶穌在受苦中學習與人同受苦難和順從，保羅的一根刺令他不致驕傲。許許多多神的兒女在受苦中經歷神。

基督徒面對苦難，除了等待別人心靈關顧，何不看這是一個契機和祝福，培養生命成熟。以下是一些建議：

1. 好好的哀痛：
   讓自己盡情地哭泣流淚。耶穌應許：「哀慟的人有福了！因為他們必得安慰。」受苦的痛楚需要痛哭哀傷，才得安慰。信徒受苦，要好好盡情地哀哭，不用解釋，不用壓抑，舊約有豐富的哀歌教我們表達哀傷和情感。
2. 默想主的死：
   閱讀福音書上所記載主受苦的經文，或默想主受苦的圖像，如十架苦路。希伯來書教我們注視耶穌：「專一注視耶穌，就是我們信心的創始者和完成者。他因為那擺在面前的喜樂，就忍受了十字架，輕看了羞辱，現在就坐在神寶座的右邊。這位忍受罪人那樣頂撞的耶穌，你們要仔細思想，免得疲倦灰心。」(來十二2) 默想祂為我們受侮辱、受鞭打、受苦和受死，既分擔祂的苦，也讓祂分擔我們的苦。

3. 禱告：

「親愛的天父，請賜給我力量，在這悲痛難過的時候，能接受且體會到別人向我顯示的恩惠，阿們。」[18]受苦者不再是單靠自己，而是在羣體中領受別人的恩惠。

4. 想念神的話：

「我雖然行過死蔭的幽谷，也不怕遭害，因你與我同在。」
「你要專心仰賴耶和華，不可倚靠自己的聰明。」
「我的恩典夠你用，我的能力是在軟弱的人身上顯得完全。」
「我們曉得萬事都互相效力，叫愛神的人得益處，就是按他旨意被召的人。」

5. 放下的禱告：

例如貴格會的一個簡單禱告，配合手勢：[19]

第一：把手心朝上，想念我們從神得到一切的需要。

禱文：「神啊！祢把生命賜給了我，現在我把生命還給祢。我的時間、財物、生命……與將來在永恆裏與祢的同在相比，這一切都是過眼煙雲。」

第二：把手心朝下，想著我們一切的痛苦和憂慮都卸給了慈愛而大能的神。

禱文：「天父，我把這世上一切的憂慮和痛苦都交託給祢，知道祢愛我到一個地步，為我把獨生愛子賜下。我是個需要救主的罪人，再一次地，我接受祢為我所做的一切是足夠的。奉主穌基督的名，阿們。」

6. 書寫心情日誌：

讓自己安靜，記下思想、心情和禱告，有助接觸內心的真相。若遇上親人離世，可以寫一封信給該親人抒發心聲和情懷。

7. 深交的團契：

教會是基督的身體，信徒在基督裏互相結連，若其中的成員受苦，更應彼此承擔。我們受苦時，要向信任的羣體或靈友真誠深切地分享，並接受對方為自己禱告。謙卑地將自己軟弱的心靈向人敞開，也接受別人的關懷，讓苦難使人生發憐愛。

註釋：

1 Timothy C. Morgan, 'Purpose Driven in Rwanda, Rick Warren's Sweeping Plan to Defeat Poverty' in *Christianity Today* Volume 49, Number 10 (Oct 2005), pp.32～36, 90～91. 詳細資料見www.purposedriven.com。

2 麥基恩醫生：〈創傷後壓力障礙〉，收於《誠信綜合治療中心通訊第三期》(2005年8月），頁1～2。

3 貝內爾 (David G. Benner) 著，尹妙珍譯：《心靈關顧——修正基督徒的培育和輔導觀念》(香港：基道出版社，2002），頁219～220。

4 這首詩的資料可參考：cyberhymnals.com, www.christianity.ca/church/worship/ , www.hymnsite.com, 101 Hymn Stories by Kenneth W. Osbeck。

5 英文初版是 A. E. Glover, *A Thousand Miles of Miracle in China* (London: Hodder & Stoughton, 1904)。當時用的中文名為：亞契巴．愛德華．蓋落窪，他是內地會宣教士 (任期是1897～1904年），畢業於維多利亞時代的英國牛津大學，帶著妻子加入由「劍橋七傑」中的施達德 (C. T. Studd) 和司米德 (Stanley P. Smith) 在山西省高原上的宣教事工中心。原著於一九五四年以英文印行了二十一版，並被譯成德文、瑞典文、丹麥文和阿拉伯文。中文版是譯自由賴恩融 (Leslie Lyall) 作了節略的英文版

(由倫敦內地會於一九五七年出版的第二十二版)。

6 蓋落窪著,張玫珊譯:《神蹟千里》(香港:海外基使團〔前中國內地會〕,2000年),頁16~20。

7 克萊布(Larry Crabb)有關苦難中得盼望的著作:與艾倫達(Dan Allender)合著:《承載生命的深交》(香港:天道出版社,2000),原著:*Hope When You Are Hurting: Answers to Four Questions Hunting People Ask* (Grand Rapid, Mich.: Zondervan Pub. House, 1996)。另一本是《破碎的夢》(台北:校園出版社,2003)。

8 克萊布、艾倫達:《承載生命的深交》,頁142~143。

9 克萊布、艾倫達:《承載生命的深交》,頁152。

10 克萊布、艾倫達:《承載生命的深交》,頁154。

11 克萊布另一著作具體教導信徒如何深入關懷,使教會重新成為醫治的羣體,該著作:Larry Crabb & Dan Allender, *Encouragement: The key to Caring* (Grand Rapids: Zondervan, 1984)。

12 貝內爾:《心靈關顧》,頁135~136。

13 盧雲(Henri J. M. Nouwen)著,徐成德譯:《浪子回頭——一個歸家的故事》(台北:校園出版社,2000)。

14 節錄自彼得·史卡吉羅(Peter Scazzero)、柏華倫(Warren Bird)著,何劉玲、張晨歌譯:《建立高EQ的教會》(美國:美國麥種傳道會,2004),頁239~269。

15 節錄自史卡吉羅、柏華倫:《建立高EQ的教會》,頁173。

16 貝內爾:《心靈關顧》,頁227~247。第十章對此課題有詳細的討論,作者是配合其提議的模式作出要求。

17 Henri J. M. Nouwen, *The Wounded Healer: Ministry in Contemporary Society* (Garden City, N.Y. : Image Books, 1979) 有細膩深入的闡述。

18 班福德(Bob Buford)的兒子在渡河時死亡,他思念兒子在河邊作的禱告,記載於:《人生下半場》(台北:雅歌出版社,2001),頁60。

19 班福德:《人生下半場》,頁63。

8 死裏重生悟人生[1]

褚永華

一 不幸中的緣慳一面

苦難是生命的常客，是一位不請自來的不速之客！

那年夏天的天氣出奇地變幻多端，時而艷陽高掛，風和日麗，令人神清氣爽；霎時密雲滿佈，細雨綿綿，令人昏昏欲睡。變幻的天氣似在預告無常的人生。

是七月下旬一個悶熱的日子，我要離港往外地公幹幾天。臨走前，母親堅持要替我將行李拿到電梯口。她雖已年過八十，但仍以蒼老的聲調說：「你的腰骨曾經扭傷過，不要拿太重的東西。」話後，便以她傴僂的身軀，一一地將行李推到門外電梯旁邊。再以母親慣常的口吻叮嚀，要我出入小心。哪知，此去一別則天人兩隔呢！回港後才驚聞母親已於我回港前一天因心臟病突發，遽然離世，安息主懷。內心傷痛如淌著血，陣陣抽搐；為了未能見慈母最後一面而耿耿於懷。父兮生我，母兮鞠我，撫我畜我，長我育我，顧我復我，出入腹我。欲報之德，昊天罔極。（《詩經．蓼莪》）——想念母親的心就更濃了。

母親是一個很平凡的鄉下人，從小便跟在父親身後種田、放牛、養鴨。在我成長的歲月中，鄉下人生活中的匱乏從沒有在母親口中成為苦澀，反而常將生活中的趣事以一口道地的揚州話娓娓道來，使我對鄉間生活產生了無限遐想：放牛時因睏倦睡著了而讓耕牛走失了的趣事，趕鴨時不小心而滑落河裏而致滿頭污泥的笑話……。

我是家裏十二兄弟姊妹中惟一能健康長大的孩子，在成長過程中，父母親所承受的苦難是遠超於我所能想像的。我得以健康成長固全賴上帝的恩典，其實也是上帝給我父母親極大的恩典。試想一對年輕憨實的鄉下人，奉父母之命結為連理，只希求粗茶淡飯、生兒養女、討一個安樂的生活便於願已足了。不知道是甚麼原因，卻命運多蹇、或鬼神捉弄、或祖先缺德，致使雖生兒養女十二人，但承歡膝下者始終只有我一個人。母親常說我的苦難是夠多的了，但想不到連慈母去世時我也未能隨侍在側，最後竟緣慳一面，想起苦命多產獨自面對死亡的母親，在心裏，惦記太多，翻動鼓盪的思維，悽然淚下，情緒來襲。

記得是一九九二年，也正好是香港神學院四十周年的那一年，一個忙碌的主日黃昏，甫踏入家門，仍未抽空脫鞋舒展一下站了大半天的雙足，和讓疲憊的身軀休息一會，好主領當天晚上的佈道會，電話鈴聲響起，原來是醫院通知我父親病危，要我立即趕去醫院。當下便寫了字條留告仍未回家的太太，又致電告知教會或要安排其他同工主領佈道會，之後便逕自乘搭的士趕往醫院。到達醫院後，腕上的手錶正好是晚上六時十分，進入病房後，看見父親安詳地睡在牀上，我以為他是睡著了，但後來發覺護士和我談話的聲音都不能將他弄醒，我便打算推醒他。護士那時才告訴我，父親已經在五時四十五分離開世界。我頓時陷入對上帝無言的抗議中！慈母老父都是那麼孤單地走上人生最後的一段路，他們是多麼盼望身邊有那獨生的兒子在守候著，而內心淌著血的兒子卻連見他們最後一面也趕不上，人生就是那麼荒謬！

莊嚴肅穆的安息禮拜完了之後，靈車便穿過了東區海底隧道，在東區走廊上向著哥連臣角火葬場飛馳。在迂迴曲折的小路沿山直上，山風撲面而來，藍天中的浮雲順著風勢飄向無垠，我的思緒也躍上雲端，乘風飄向憶父的濃情：父親去年回鄉過年，順道探望闊別多年的親友。八十九高齡的老人，往來揚州鄉下和上海之間，吃道地合胃口的揚州小菜，又與年輕時的朋友暢談別後情況。當年滿頭黑髮充滿幹勁的小伙子，現在已是兩鬢全白、滿口假牙的老人了，但龍鍾老態並不能掩蓋發自內心那重遊故里、與鄉鄰把酒言歡的雀躍。老父在親友簇擁著，美味佳餚的享用中。在記憶中將過去的歡樂又重溫了一次，這給老父飽經風霜的人生帶來絲絲的滿足。

簡短的火化禮儀在祈禱祝福中結束，我們也在眾親友和主內兄姐的慰問中回到了忙碌的現實。老父的離去在我們的生活中留下了一個沒有辦法填補的空缺，對我來說，少了父親的世界，猶如一個沒有星的夜空，缺少了一份燦爛和溫馨。

二 成長中的坎坷起伏

憶述血淚斑斑的往事，將不愉快的經歷在思維中、在言詞中重溫一次是痛苦的，也是勇敢的。不知道是甚麼原因，母親常將家中過去的點滴往事告訴我，我亦慶幸能聽到這些往事，若不然，連生命中已經斷層的童年往事也就更稀鬆不全了。

從母親口中，我得知她首生的是一個女兒，有些孩子一出生便夭折，有些則生存三數月，真是命途多舛。我出生不久，咽喉長出了一種不知名的腫毒，以致我喉頭灌膿，口不能張開，更不能進食，父母本以為我也是凶多吉少，又多一個養不大的討債小鬼了，盤算著要再一次經歷失去孩子的痛苦。後來，母親不知從哪兒得來一道偏方，把一個馬桶(編者按：古時中國的廁盆，大多木製)略加清潔後，燃起一些稻草來灼熱馬桶，再倒進一杯米酒，在熾熱的「吱」一聲後，再從馬桶中倒出那杯加熱後的米酒，然後餵我喝下。不曉得是甚麼道理，我的喉嚨便開始消腫了，膿也漸漸退了，我也就奇迹般地能再次進食，得以健康成長。至今我也弄不懂，可能一生也不會明白，一個如此不合衞生、如此荒謬的祕方，竟有療效！

又一次，一歲多時，表姐在我家居住，並幫忙照顧我。有一天，在上海家中，表姐不小心把我從大門對下的一條樓梯上滾落到地面，樓梯的橫木上剛巧有一顆長滿鐵銹的長釘，剛好刺穿我的右邊面頰，幸虧我的頭部、眼睛都沒有被刺中，卻刺在臉上，插入口中，已算不幸中的大幸。這個釘疤至今仍留在面頰上，母親說這叫「破相」，也表示藉此而逃過一劫。

母親有感這個孩子實在難以撫養，便在我的耳珠上穿了一個小洞，加上耳環，裝扮得像一個女孩子般，意思是要瞞騙那些邪惡勢力，讓它們以為我是女孩子，便再不找我麻煩。因此，為使我能健康成長，我自幼便穿了耳洞，戴上耳環，頸項上也掛滿各式各樣的靈符，以保平安。直至我們移居香港後，因為父母親信了主的緣故，他們第一時間便找牧師替我祈禱，並除掉那些符咒。現在回想起來方領會他們其實有極強的信心，因為像我這樣的一個孩子，當時能健康地成長到七、八歲，很難不歸功於那些耳環、符咒等的功效；但他們信主後，竟可以決斷地除去這一切，並且聲言這孩子是永遠屬於耶穌的。

這並非我苦難的完結。移居香港後又有一次在家中的樓梯上滾了下來，撞得頭部腫了一塊，直至現在還有一個大瘤在頭上。我小時候很頑皮，有一次我與幾名同學潛進一所徙置區的天台小學中偷彩色皺紙，後來有巡邏員經過，我們便爭相逃跑，跑到一個鐵絲網前必須往外爬，那裏是樓高七層的位置。豈料我爬的時候太著急，左手無名指的內側被鐵絲網撕去了一整塊肉，當時真是有難以形容的痛楚，於是我便回家找母親，她送了我進九龍醫院的急症室縫針。誰不知到拆線的時候，由於少了一塊肉的緣故，我的手指竟然屈曲而不能伸直，醫生把我的傷口割開再縫合一次，結果也是一樣令人失望。於是母親便帶我到那打素醫院求診，醫生決定在我肚皮左面的位置割了一塊皮肉縫補在左手無名指的傷口上，這個小手術達到預期的效果——手指可以伸直，但自此之後我便不能彈奏結他，因為那手指的前半節是不能屈曲用力、也不能屈伸自如，這對我而言是一個極大的不便，因為我是非常喜歡彈奏結他的。不過，上帝既然領我到這地步，我便欣然接受吧，不能彈奏結他也可以學彈鋼琴嘛！

說到我人生經歷最大的苦難和考驗，要算是一九九八年的大動脈撕裂的突發事件吧。由於血壓高，加上工作壓力大，導致身體內供應全身血液的大動脈(Aorta)在一個晚上突然撕裂。當晚我的背部(兩塊肩胛骨中間)忽然異常疼痛。非常感謝愛我的上帝，我竟然放棄了服用成藥的念頭，選擇到附近的粉嶺醫院求診。事後從醫學報告才知道，假如在發生這種情況後的二十四小時內還未得到適當的診治，這人便會一命嗚呼，因為血液會不斷在破口處湧進血管內，形成一個大血泡，當血泡爆破之時便是病人離世之日！當時已過了凌晨十二時，大部分醫生都沒有當值，而給我照X光的醫生告訴我，他們不能為我作甚麼，但他說了一個醫學名詞——"dissection"——我想大概與心臟血管撕裂有關。[2]於是便轉介我到威爾斯親王醫院，可能是我的轉介報告內已出現了這個名詞，他們馬上在病房內為我做了一系列的測試，第二晚再把我轉介到葛量洪醫院做一個緊急手術，才得以保住性命。所以真的感謝上帝，因為在粉嶺醫院這小規模的醫院內，凌晨十二時後的當值醫生通常是初出道的新手，但他竟能說出那決定性的醫學名詞，怎教我不感謝上帝賜給他聰明智慧呢！他簡直就是上帝賜給我的天使。

葛量洪醫院裏的手術過程也是驚險的。由威爾斯親王醫院往葛量洪醫院的車程不算長，而且有醫生和救護員隨車料理，以防不測。抵達葛量洪醫院後，醫護人員隨即將我送到手術室，進行緊急開心手術，經過醫生二十多小時精湛的手術，再加上只輸了十九包血，總算將我從死亡邊緣搶救回來。這次成功的手術背後也有一番不為人知的起伏。該次手術主要不是解決大動脈撕裂所產生的裂口問題，因為修補裂口的技術非常複雜而且要求很高，而當時香港的醫療技術仍未能做此類型手術。當時要緊急解決的，是因為血壓過高而引致大動脈連接心臟部位能否承受壓力的問題，故此醫生決定在該接連部分的大動脈上，加補一塊人工物料來鞏固破損的大動脈，以防止由心臟輸送出來的血，因壓力過大而使大動脈破損得更嚴重而對生命產生危險。但好事多磨，在手術完成後，發覺大動脈處的針口流血不止，醫生便加縫針以止血，但不成功，最後只以最古老的方法，等傷口自然結痂止血，這一等待便等了十多小時，血終於成功地止了，但體內流的全都是別人的血，醫生警告有併發症的可能性，但至令仍未有發生。胸口一尺多長的傷口便如此地被打開，由手術時的破胸、露／袒胸、縫胸總共二十多小時，若不是神的恩典和保守，生命或許早已完結了。

時間在鐘擺滴答聲中溜走，生命如劃過夜空的流星在眼前消逝。手術過程之起伏，生死去留之間的搏鬥，讓我深感人生能再一次經歷晨昏，沐浴於清晨的清新空氣中，踏在鋪滿晶瑩露珠的草地上的喜悅，實在是上帝無限的恩典。一方面懾於生命之無常，另一方面則釋懷於上帝掌管一切的事實，內心便油然生出忠主所託，為主燃盡此生的立志。

這次成功的手術雖然保了性命，但醫生告訴我最嚴重的問題還沒有解決，就是在我心臟附近的大動脈撕裂之處，因壓力大的緣故已在血管壁內撕裂處迫出一條血管通道，這或許會影響血液運行及正常供血給一些器官；再者，大動脈撕裂之處也鼓出了一個血泡，它會隨著日子一天一天的不斷膨脹，醫生只能用藥物控制血壓以達血泡不會破裂的危險。初時我仍觀望發展，直到二〇〇四年覆診的時候，血泡的直徑已達5.1厘米。有心臟科醫生勸我在講道時不要過於激動，因為這會引致血壓突然高漲而使血泡破裂。又假如我的動作太大，或者被外力碰撞，甚至不小心跌倒，以致弄破了那血泡，我的生命便告終結了。感謝上帝的恩典和教會弟兄姊妹的幫助與禱告，讓我能於二○○四年十二月到美國侯斯頓做手術，這手術是香港醫院仍未能做到的，於全世界亦只有少數醫生能做，因手術包括把我的身體從背部至肚臍割開，把左肺完全放氣(deflation)，讓心臟的大動脈得以顯露出來，然後復修大動脈的殘破處，再在大動脈內放入一條人工血管。這真是一個極大極難的手術！感謝上帝給我經歷了這麼一場的苦難。

三 靜思生命闌珊處

當我思想這場苦難時，我發覺人總是看自己的苦難為人生最大的苦難，人在苦難中總有一個傾向，就是覺得：「我比你苦，你的苦難算不得甚麼！」但當我在苦難中時，我很能夠感受到，我的苦難，在普世人的苦難中其實算不得甚麼：相比於在南亞海嘯中的死難者，整個家庭無一員倖免的苦難，我的苦難算不得甚麼；相比於非典型肺炎期間，整個家庭在不知道甚麼原因下全部離世的苦難，我的苦難算不得甚麼；對那生命充滿夢想又礙於生活困境而最終猝死家中的少年，我所受的真是微不足道。所以經歷過這次的疾病後，我告訴自己，我並非最苦的那一位，有人比我更苦。可能我承受比某些人的苦難較為沉重，但我認為世間的苦難是相對的，我不能說我的苦難最重，別人的苦難較我的輕。苦難是相對的，不能比高下輕重。你的苦或許比別人重，又或許比別人輕，所以我不敢誇自己的苦難，只求在苦難中能經歷上帝更大的恩典。

在我成長的年代有一首歌的歌詞如此說：「人生幾許失意，何必偏偏選中我？」(編者按：電視劇《小李飛刀》的主題曲) 基督徒在世上有苦難是很平常的事，我的信仰生命已越過了追問上帝：「為何要我受苦難？」的階段。我能夠接納自己患病是有上帝的心意，我不問上帝：「為甚麼是我呢？」而只會問祂：「祢有甚麼心意在我身上呢？我當如何運用我餘下的生命呢？祢還託付我要去完成甚麼工作呢？我當如何專心、忠心、盡心地完成祢交託給我的呢？我有甚麼責任還未完成呢？」我非常肯定上帝可以選擇是否醫治我，所以我很清楚做這個手術的嚴重性，醫生早已告訴我，每延遲一年做手術，我的生命危險便會增加兩成，所以我最多只有五年時間考慮是否做手術。而且當我做完這個手術後，是有可能會死亡、癱瘓或者中風的，所以我臨離開香港前曾寫下了一封遺書，以備假如上帝真的要我於手術室內離世之後交代身後事，感謝上帝叫這封遺書派不上用場。

生命是無常的，苦難可以是上帝加給人的，祂可以選擇是否醫治我。在但以理書中，但以理的朋友在火窰中說：「我們所事奉的上帝能將我們從烈火的窰中救出來。……**即或不然**，王啊，你當知道我們決不事奉你的神，也不敬拜你所立的金像。」(但三17～18) 即使上帝真的不拯救他們，他們仍堅持相信上帝。希伯來書中所記的更清楚：

> 我又何必再說呢？若要一一細說，基甸、巴拉、參孫、耶弗他、大衛、撒母耳，和眾先知的事，時候就不夠了。他們因著信，制伏了敵國，行了公義，得了應許，堵了獅子的口，滅了烈火的猛勢，脫了

刀劍的鋒刃；軟弱變為剛強，爭戰顯出勇敢，打退外邦的全軍。有婦人得自己的死人復活。又有人忍受嚴刑，不肯苟且得釋放(原文是贖)，為要得著更美的復活。又有人忍受戲弄、鞭打、捆鎖、監禁、各等的磨煉，被石頭打死，被鋸鋸死，受試探，被刀殺，披著綿羊山羊的皮各處奔跑，受窮乏、患難、苦害，在曠野、山嶺、山洞、地穴，飄流無定，本是世界不配有的人。這些人都是因信得了美好的證據，卻仍未得著所應許的；因為神給我們預備了更美的事，叫他們若不與我們同得，就不能完全。(來十一32～40)

有些人因信心的緣故，被上帝所拯救，使他們奇迹地免除各樣苦難；但有些人卻存著信心忍受苦難，他們被戲弄、鞭打、捆鎖、監禁、忍受各等的磨煉、被石頭打死、被鋸鋸死、受試探、被刀殺，他們都是在信心中殉道的，上帝看他們都是信心的偉人。無論是因信得蒙保守而免受苦難，又或因信經歷各樣患難甚或賠上性命，最令我們驚歎不已的是在信心中不被拯救的「即或不然」；以及在信心中被拯救的感恩讚美。這是信心的兩面，因信被搭救、或因信被留在疾苦中，無論結果如何，信心的堅持仍然確定，信心的韌度仍然高柔，信心的對象仍是上帝。無論生命苦樂福禍，我仍相信上帝。

上帝可以賞賜，也可以收取，當手術完成後，我得了一個後遺症。我感謝上帝沒有叫我癱瘓，沒有叫我中風，也沒有叫我的腎臟受損以致需要長期洗腎，但上帝卻要我經歷另一個苦難，就是叫我其中一條聲帶癱瘓。因為在手術的過程中，其中一條控制聲帶的迷走神經（vagus）被弄斷了，所以我一度失去了說話的能力，其後我再做了另一個手術，現在我能夠再次說話了，但聲音卻變得非常沙啞。這該怎麼辦呢？我是否該嘗試逃避這個苦難呢？對一個負責教導工作、而且經常要在講台上事奉的人而言，聲音變得沙啞真是莫大的痛苦，但我總不能整天躲在家中啜泣，不斷怨天尤人吧！上帝彷彿對我說：「我放了一根刺在你的身上，並且沒有選擇把它拿走，我的恩典夠你用的。」願上帝賜福予世上每一個依靠祂的人，讓我們同在苦難中掙扎時，知道上帝與我同行，也與世人同行，在苦難中我們絕不會孤單，因為體恤我們的上帝在我們身邊，並且用慈聲向我們說安慰的話：「我的恩典夠你用的，不要怕，只要信。」

魯益斯（C.S. Lewis）曾如此說過：

在我的歡愉中，上帝向我低訴
上帝也向我的良心說話
惟獨在我的苦難中，上帝向我大聲疾呼

上帝一直都向我們說話，惟獨在我們處於苦難中，上帝的聲音似乎特別大，也不容我們錯失。是的，生命中的苦難，促使我們放慢腳步，放下身段，聆聽上帝，回歸上帝。

註釋：

1 編者按：本文是香港神學院於二〇〇五年四月十五日所舉辦的大型講座「還苦難一個答案？」中的見證分享，經由本院學生陳穎思同學筆錄，再經褚永華院長修改而成。

2 事後從正式病歷報告知道是 Acute Aortic Dissection（急性大動脈割裂），而在美國的手術名稱是 Aortic Resection（大動脈切除及矯型手術）。

從女兒危疾生命歷程中反省苦難的意義

翁靜淳

一 前言

本文的寫作主要是我反省自從女兒於一九九六年四月一日起患上星狀膠質腫瘤癌以來的經歷，透過這種個人親身的體會和感受，對苦難這一課題作一點兒分享和註腳。

為了讓讀者對本文的分享有一整全的了解，我簡單交代本人女兒過往的情況。我女兒翁慕德於一九九六年四月被確診患了非常罕見的星狀神經腺腫瘤癌，初步發現時已經由頸脊髓擴散至腦部的腦膜層及整條脊髓，情況頗為危險，後經特別的手術，將頸部的癌細胞切除了，但仍然有部分細胞存留在頸骨內及腦膜中，導致經頭痛及甚至出現致命的抽筋昏迷情況。因而在一九九八年及九九年分別接受電療和化療等安排，但卻沒有甚麼明顯效用，現時靠著主的恩典，透過服用防止抽筋藥，每日與癌腫為伍，苦難為伴，如常的生活。

二 突如其來的苦難，愚人節的禮物

一九九六年三月二十八日，我的女兒慕德因頭痛及左手尾指無力而入院。四月一日晚上七時正，女兒被診斷患上神經腺腫瘤癌，而且從表面現象診斷已經擴散至腦膜上及整條脊髓，情況非常嚴重。苦難就是這樣沒有預約悄然來訪，大大改變我們的生活和生命，好一份愚人節的禮物。

記得前一天(三月三十一日)是教會的福音主日，由我講道，我還記得講題是：「心理學家的困擾」，經文為馬太福音十一章28至30節，講道的重點是「我們信徒不應被日常生活的問題——如生老病死等事情所困擾，要倚靠神，過得勝的生活」。而我當時曾說：「慕德入院的事情不是甚麼大事，不用太擔憂和掛慮，交託給神就是了，我們仍要努力生活」云云，想不到這篇信息正是神預先給我們預備的提醒及教導，為未來的生活定下了重要的心態與立場！

記得當天晚上，我在醫院陪伴女兒過夜，不知道為甚麼女兒整夜輾轉不能眠，而且痛苦莫名，無論任何位置都不安舒，結果需要我抱著她一同睡在病牀上減少痛苦，女兒問我：「爸爸，為甚麼天父不聽我祈禱呢？我求主叫我不痛，現在還是那麼痛呢？」好一個神學的問題，其實這也是我內心的掙扎，深感同樣的無奈。為了安慰女兒，我只能對她說：「痛與不痛現時不重要，最重要是要知道為甚麼會如此痛，求天父讓我們知道痛的原因何在。爸爸明天會告訴醫生，請醫生用方法幫助德德(編者按：即翁慕德)不用那麼痛！」就在這樣的安撫下，慕德終於在極度疲倦下睡著了。但我的內心卻是感到無比的難過，苦難真是一個很難理解的傢伙。結果在特別的要求及安排下，第二天，也就是四月一日，透過磁力共振的檢查，大約在七時正左右，醫生清楚地在電腦顯示器上指給我們看見，在女兒第四至六塊的頸脊骨內，有 3.0cm × 1.2cm × 1.4cm 大小的一個腫瘤，而且有擴散及水腫現象，證實了慕德患上了骨髓腫瘤癌，負責醫生也說這是他第一次發現的，情況非常少見。我與太太彷如晴天霹靂一般，登時悲從中來，相擁而哭。但就在這個時間，**神的名字被高舉、神的旨意要成就、生命價值被看重、其他一切不重要，**這個意念清楚的浮現在我思想裏。因按照我們的醫學常識及過往經驗，醫生所言的無疑是宣告了慕德患了絕症和死刑，我們深知在往後的日子，會是一連串痛苦與眼淚，甚至離別與死亡。我們並沒有問神為何，我們深知生命本身就是一個奧祕，無人知道為甚麼如此，這全屬於神的領域；但我們深信神的預備，凡事自有祂的心意，我們就學習安然信靠神，無論生死禍福，都交在神的手裏，只要神的名字被高舉，神的旨意得成就便是了；我更相信，將慕德交託給神是最好不過的，因祂會給她最好的。我與太太相擁流淚的禱告，將德德交給神！

當晚我需要到中華神學院夜校部教授摩西五經的課程，事出突然，而且又不想讓同學白走一趟，我還是如常安然的前往教書，同時很清楚地向同學們表明慕德的病情，並**與同學一同仰望這位昔日帶領以色列人出埃及、經曠野和入迦南的神，經歷使死人復活，使無變有耶和華神的信實**——祂是「亞伯拉罕、以撒、雅各的神，摩西的神」，自己的心靈也得到很大的安慰和鼓勵。想不到天父是藉著教授摩西五經的神學來提醒我，教導我；同學們也很自發性地為這事祈禱，願神的旨意顯明。下課後，我立刻趕回醫院，安頓了慕德的心情，然後與太太回家打點一切，我們夫婦倆再次回到醫院中，陪著慕德開始度過以後可怕的日子。**而我們深深地覺得，不知還有多少日子可以再陪德德了，所以我們珍惜每天每分每刻相聚機會，賺取每天時光，這是積極面對苦難的秘訣**。

這是我們在四月一日開始時所採取的立場和處理的方法。

三 面對如此的苦難，作出最壞的打算

面對慕德的絕症，我們的心情非常沉重，還記得我從培正小學(慕德當時上學的學校)替她請假、休學留位及交代事情後，回程往伊利沙伯醫院的途中，我內心非常難過，悲從中來，淚流滿面，一路行一路流淚，禱告呼求仰望神，面對茫茫的前路，實在舉步維艱。事實上，我們也作出了最壞的打算，除了立時為她作休學留位等安排外，又計劃要為慕德舉行水禮，並調節我們日常工作生活的時間，陪伴慕德。太太甚至異常「冷靜」和「幽默」地提議：「與其是絕症，求神早日將德德取去，千萬不要受太大的痛苦，最好是在四月七日前，然後我們可以在四月七日時舉行安息禮拜，因為那天是復活節，對我們特別有意義。」我當時立刻和應說：「好呀！我一定要負責宣講安慰信息！」我們相對而笑，相擁而笑，恬然的笑，就這樣將一切交在神的手中。

當天晚上，我出奇快捷地為這個『安息禮拜』預備了講章，這正是我們作了最壞打算的心聲，其內容如下：

賞賜與收取

經文：「賞賜的是耶和華，收取的也是耶和華。耶和華的名是應當稱頌的。」(伯一21)

我會先簡介慕德的往事和患病過程，然後為慕德的患病離去而感恩，原因如下：

1. **感謝神！患病的是我們的女兒慕德，而不是教會其他肢體的女兒。**
   - 因為是我女兒的緣故，我不用回答「為何會有這事發生？」「神是不是慈愛的呢？」「何必偏偏選中我？」……等等問題。身為父親的我反而能安然面對慕德患病的事，清楚知道這正是我們需要以實際生活行動來經歷及表明信仰的實在！
   - 若是其他肢體的女兒，我恐怕不知如何回答他們的問題，才能安慰他們的心，又能建立弟兄姊妹的信仰。
2. **感謝神！讓我們與慕德度過了八年半開心愉快、心滿意足、不枉此生、死而無憾的家庭生活。**
   - 慕德為人聰明可愛、口齒伶俐、善於應對、樂於助人、善解人意，樂意參加各種的活動；在學習方面，可能往日因為時常容易疲倦的緣故(現在才知道原因所在)，故未能完全發揮她的潛能。
   - 在過去一起生活的日子裏，我們家中充滿很多歡樂時光。家中生活一無所缺，我們身為父母的能盡享當父母的樂趣，盡心教導她、關懷她、欣賞她，雖然當中也有責罵、錯罵、誤解、不快的時候(因我們也是會犯錯的人),但仍然有不少的歡樂和安慰,肯定與讚美。

- 慕德和哥哥慕哲也能享受身為子女的樂趣,能在基督裏充分地發展與成長,他們給我們倆夫婦的生活很多啟迪,讓我們學習更多倚靠神、順服神的功課,明白天父的愛是何等長闊高深的——我們一家人都盡享彼此間的甜蜜關係。
- 若是其他肢體的女兒,我不肯定他們是否過著開心愉快、心滿意足、不枉此生、死而無憾的家庭生活。

3. **感謝神!慕德已經接受了耶穌基督為她個人的救主,她的離去,不是永別,只是暫別而已,以後還有再相見的時候和機會。**

- 我們清楚知道和肯定,德德是真的清楚信主的,她知道耶穌愛她,縱然她離開了我們,但是會進入一個與主同在的境地,將來我們也能再相聚的,那裏沒有痛苦、眼淚、疾病……只有榮耀的主與讚美不停。
- 若是其他肢體的兒女,我不肯定他們對主的心如何,是否真的相信耶穌,接受祂作個人的救主和人生的主宰。

4. **感謝神!弟兄姊妹的支持和關懷,足見神恩夠用!**

- 可能因為我是牧師的緣故,更吸引各人的關懷與支持,學習在苦難中彼此肯定與照顧。
- 若是其他肢體的女兒,我不敢肯定會否有這麼多的支持、鼓勵與關懷。

- 我們認定這是神的主權，因深知賞賜的是耶和華，收取的也是耶和華，祂的名是應當稱頌的，我們就是這樣存著即或不然的信心來依靠真神！
- 所以，德德的患病與離去，我們可以感謝父神，也應當感謝父神！

面對苦難的來臨，透過投進神的懷抱，向祂吐意傾心，表明心中的苦情，祂會擦乾我們的眼淚，賜與能力面對、前行！

四 面對苦難的體驗：重溫父神往日恩，今天患難何足懼

當我與太太在醫院陪伴慕德的時候，不期然地談論著女兒以往成長的片段，初時的心態只是透過這些片段緬懷一下女兒的人生，然而當我們一幕一幕地檢視時，突然間我發現原來神在慕德過往八年多的生活中，已經不斷地保守、恩眷著慕德，不然她已經離開了我們很久。這是個很寶貴的體驗，大大增強了我們面對女兒病患的信心與勇氣。現舉例表明：

- 她在母腹時已蒙神的護庇：當時太太正在進修產科課程，又工作又讀書，身體非常軟弱，及後更發現痰中有細菌，需不斷接受藥物的治療。
- 懷孕中期，更有產前出血的情況，情況很危險。
- 在分娩期間，發現胎膜上有一條血管從胎盤延伸出來，穿羊水時的利剪尚差小許便會剪穿該條大血管。當時護士頻說「好彩」，但在場的我卻深感神特別的保守，否則太太與慕德都會受到影響，生命危殆。

- 嬰兒時期(一、二歲時)，曾兩次抽筋，神都是讓我立時看到，立刻尋求醫治，不致失救影響成長。
- 慕德在兩歲左右，與哥哥玩耍時，不幸被哥哥用利器刺傷左眼，情況非常嚴重，經醫生檢查後，真是感恩，因還差一點兒便會弄穿眼膜。我們知道又是神的看顧與保守！
- 五歲時，眼睛發現倒毛生長，刺激眼部，產生不適，需要做手術更正，期間更發現她左眼有嚴重的散光，有四百度之深，需要佩戴眼鏡，方能清楚地看事物。又是神奇妙的保守。
- 六歲時……

當我們發現了神昔日在慕德身上的恩典時，我們得著很大的安慰與鼓勵，因為不是我們要如何保護慕德，擁有慕德，而是神一直看顧保守著她，神在慕德生命中有祂的主權，也有祂的憐憫與恩眷。換言之，今天的事是神許可才臨到，也是神知道的，假若神今天要接慕德回天家，我們也是絕對的順服，安然交託與主；但假若神仍是存留慕德在世，藉著她的生命見證祂的榮美，神一定有祂的方法來拯救慕德，保護她，如往昔一樣，犯不著我們這對無能的夫婦來著急擔憂，為父神出主意。正因這個緣故，**我多次向各人表示應如何為慕德禱告，要求各人不要單為慕德的痊癒而禱告，而是要為神的名得尊崇而禱告，將慕德完全交託給神才是最重要，這是最聰明的祈求法——「要尊主為大」！**

五 禱告代求通天庭，愛心關懷貫人間

慕德在留院初期，常有大痛的時候，特別在晚上。但在

做完磁力共振檢查和知道結果之後，有好幾天情況有著顯著的好轉，晚上能安睡。當我們細察原因時，發現在這時刻，有許多教會的弟兄姊妹及神學院日夜校的學生常為慕德禱告，有些更是禁食禱告，教會更自發地舉行禁食祈禱會。甚至連未完全信主的親友，太太的同事及成長坊的學生家長，培正小學的師生們等，都為此事交託神——禱告的力量是大的！

在慕德住院期間，每天探望的人數不少於二十人，有時更會多至四、五十人。不少親友、弟兄姊妹、神學院的學生和其他認識我們的人，都用盡心思買禮物給慕德，鼓勵她，還常預備慕德愛吃的食物給她吃，陪她玩，逗她開心，出錢出力又出時間。還有肢體自發安排夜間陪伴慕德，分擔我們夫婦的重擔。此情此景，現時還是瀝瀝在目，銘記於心；而看在其他人的眼裏，還以為我們夫婦是誰，竟有那麼多人服事與支持，殊不知這全是因為基督的愛的緣故，將我們的生命緊緊地扣在一起，讓我們能在這般艱難的日子裏，造成羨煞旁人美麗溫馨的場面。苦難果然可以將人的生命連在一起，經歷神的恩典與保守！

靠著禱告的力量和在肢體們無比關懷的動力鼓勵，慕德在痛楚的日子，特別是她要接受手術前的一個星期內，神賜力量給她度過，也讓我們夫婦二人能有力量面對苦難。在這個多月重要的時刻(三月二十九日至四月二十六日)，每天除了上班之外，其餘時間便是往醫院裏跑，在醫院中度過，日夜不停，不斷給慕德鼓勵、打氣、陪她玩耍，安然地面對癌症絕症事實，冷靜地觀察和勇敢地下決定。全是神的恩典和力量保守，再加上弟兄姊妹的支持、鼓勵與分擔，及家人的關心與支援，我們才能度過。

身為牧師的我，深深體會事奉耶穌必然蒙福的道理。每當我們看見每天絡繹不絕的人來深望慕德，有些還是我們不太熟識的朋友或會友，看見他們對慕德緊張的程度，挖盡心思預備的禮物，迫切流淚的禱告，更得知他們午夜夢迴時的記念，輾轉反側不能眠的煎熬；不斷向我們說出由衷安慰的說話，欲言又止的眼神，不敢貿然來電打擾我們睡眠的心思，卻不斷打探德德消息的焦急樣子……神啊！我們是誰？我們哪配承受如此大的厚愛？我們如何能一一回報清楚呢？深深感受到事主蒙福的恩典，飽受到肢體錯愛的甘甜，實在是我們這羣滿在苦難中的人所萬萬想不到的驚喜！

六 靠主恩典平常生活，努力面對未知將來

面對慕德的疾病期間，感謝神的恩典，讓我仍能冷靜地面對，繼續需要負責為期四日三夜的主日學師資訓練營，而且全情投入營會中，不時向家人、弟兄姊妹及眾親友交代慕德的情況，正視及調校各人對這事情的心態，教導各人正確地面對苦難。

當我們知道慕德患病後，大約兩個星期的時間是束手無策、茫無頭緒的，而且醫生的建議眾說紛紜，我們只是在進行一連串的檢查及化驗，希望對她的病情深入了解，然後再作定論。檢查所得的結論，確診她所患的星狀神經腺腫瘤癌，情況非常嚴重，因為已經擴散到了全個腦膜，而且所生的部位又是神經腺最集中、負責控制她呼吸及手腳運動的中樞神經系統。醫生也認為手術的危險性極高，需要非常小心審慎的計劃與預備，而且勝算不高——我們感到人的有限與無奈。

兩星期後，讓我們可以遇上一位資深權威的腦外科醫生，而同時又是一個願意為主付上生命，有父母心腸的基督徒醫生——陳思堂醫生(當時正擔任宣明會總幹事)，實在是神奇妙的帶領和恩待。結果他不但給我們非常專業精闢的見解和分析，很有耐性地回答我們的問題，除去我們的疑慮，更介紹我們認識馮正輝醫生，另一位資深權威、擁有父母心腸、醫術精明的腦外科醫生。德德就是在他們兩位最佳拍檔雙劍合璧之下接受了手術，由原來預計的四至六小時手術，竟能順利在三個半小時內完成，真是神的憐憫。更奇妙的是，我們在四月十五日約見陳醫生時，是他剛上任宣明會的總幹事首天；第二天(四月十六日)約見馮醫生時，是馮醫生第一天從瑪麗醫院出來私人執業的時候，慕德是他的第一個病人。神的恩典有如及時甘霖，在最合適的時候厚厚地澆灌下來，令人佩服！苦難時常會令人經歷出乎意料的恩典。

反省在伊利沙白醫院的三個星期，雖然除了檢查之外沒有任何建設性的治療，又因適逢公眾假期諸多阻滯，但神的時間和安排永遠是我們所不能測度的。我們看見似乎神特別恩待慕德，讓她可以得著兩位著名的腦外科醫生聯手做手術；神又特別讓我們藉著那三個星期的日子，經歷何謂信心的功課，倚靠主的操練，更透過我們一家向各人展示信靠主恩者的滋味，是何等的甘甜。更重要的，就是在這三星期裏，讓很多人的生命得著提醒及復興，叫好幾間教會的肢體彼此同心仰望神，生命得著神恩滋潤。**神實在是掌管時間的主，祂在前頭引路，使不可能的成為可能，成就神的旨意！**

在慕德患病這件事上，我們深切多謝每一個醫護人員。由三月二十九日早上開始所接觸的人，他們每一個都在自己有限的時間和知識當中為慕德做到最好，這是我們深深感受到的。雖然當中並非每一個人都有同樣的見解、心態和認識，但我們知道人本來就是有限的，沒有一個人可以說自己已經掌握一切與醫學有關的事物與知識。人的力量始終是有限的，特別是在苦難這一個課題上，更是無法理解及測透。但我們深深認定，神在掌管一切，而且神也在保護、看顧和引領，神用得著每一個人的長處與短處來成就自己的旨意。我們卻需要每天努力地面對生活，按能力可以做的去完成，這也是能活下去的動力與盼望。面對苦難，正是我們要操練對神信心的平台，求神教導我們知道自己的有限，因而知有所不為。同時也知道自己的長處，因而能儘量做到最好，發揮自身的功能，造福社會，榮耀那創造生命的真神。

七 一丁點兒的餘種，一生一世的倚靠

當醫生做完手術之後，告訴我們說，手術非常成功，將九成多腫瘤切除下來了。但對一般為人父母的來說，真正有如十五吊桶在心中，七上八落難安寢。這一點兒的存留，醫生說是因為它太接近神經線，不敢太冒險切除，但卻是留下一條令人可以午夜夢囈的尾巴。醫生跟我們清楚解釋時，說明這一小丁點的生長速度是非常緩慢的，在最近的幾年內不會再復發的(後期告訴我們知道，根據一些個案病例，最少五年才會復發的)，而且現時已經知道這種病的存在，可以定期檢查身體，便能預防和及早治療，叫我們不用太掛心。

其實我們更會為著這一丁點兒的存留而感恩，事實上有哪一位醫生可以完全保證病人可以完全康復，不再受疾病所侵擾呢？沒有！我們感謝神，因為祂讓我們知道我們的倚靠

並不在乎那兩位大醫生(雖然他們真是宅心仁厚的醫生)，而是在乎那位創造生命、賜人氣息的神，祂才是生命之主！這些小的存留，日日提醒我們知道生命的存在並非偶然，故此要珍惜與努力生活。

我們今天常常希望有「明天會更好」的保證及期望，我們太過著重追求健康的生活，以及生活的素質，但我們是否明白人生的意義和價值何在呢？生命只要有神看顧，這一丁點兒又有何妨？苦難提醒我們知道我們不過是世人，不是神，讓我們一生一世學習倚靠主，以神為神，而非自己做主人。

八 經歷苦難的人生，不再一樣的生命

手術的成功，並不意味著慕德的問題便完全解決了，只是解除了她主要患病的地方的問題而已。在往後的九年多日子裏，因為腦膜上仍有癌細胞的存在(散佈在腦膜之上，是不能用外科手術切除的)，還有她患上了青春期少女很易患上的脊柱側彎疾病(可能因為她的神經腺癌之故，所以特別厲害)，並且常常有頭痛的情況出現，所以經常出入醫院，大大影響了她日常的生活和學習。還記得她曾經有兩次嚴重抽筋導致昏迷(九八年及九九年)，情況十分嚴重，及後蒙神保守可以康復過來。後期為了減輕頭痛及控制癌細胞的增長，先後進行了電療及化療，現時還要定時服食防止抽筋的藥物——疾病苦難似乎跟隨著她，形影不離，而且她隨時會有生命的危險。

面對這些事情，理應她無奈和消極地生活才對！但感謝神的保守，面對苦難的慕德，卻給我們看到她是那麼積極地生活，享受每一天的生活。我們發現，這是神給予她的恩典，

也是苦難給她的磨煉，她似乎已經接納了苦難的事實，並與這個苦難共生共存。她的生命不再一樣了，因為經過苦難之後，人有如脫胎換骨、死而復活似的，她學曉了忍耐，活出了她生命的特質和味道來。

九 苦難拉近人際關係，生命更受影響及觸動

苦難的來臨，時常讓你感到與人不同，比人差勁，常有「何必偏偏選中我」的苦澀難受。但當我再次檢視女兒患病的過程時，發覺這苦難誠然對她產生重大的影響，但同時也賜與她無窮的「福氣」；好像是與人不同，但卻是為她築橋，拉近了她與別人的關係。她無論在甚麼地方，都可以很容易與人建立關係，而且都是美好和愉快的。別人送禮物，說鼓勵話，表達關心溫情；她把握每一個可以參與的聚會、學習的機會。老師盛讚她積極投入學習，敢於回答老師的問題，成為同學學習的好動力、好榜樣；她會批評現今的同學不讀書，浪費了很多的機會和時光。

記得有一次，她參加了教會一個生活營，當中有一項目是攀爬繩網。有一位家長看見了很是懼怕，不敢嘗試，哪知慕德知道之後，竟然鼓勵她，並且向她表示與她一同嘗試。當她看見慕德那斜傾側彎的背影，一步一步的前行，大大影響了那位家長，結果鼓勵她的生命，認真的信靠主耶穌！

事實上，慕德特別敏感別人的難處，因為這正是苦難病患給她的磨煉。她在醫院病房裏，也成為別人的鼓勵者。每個與她接觸的人，都會感到她生命中的特質與動力。記得有一次在醫院裏，有一個越南籍的女病童，哭得很厲害，沒有

一個人可以安慰她，一是因為言語的不通，二則因為女童的恐懼(她的父母不在等)。哪知不消數分鐘，我的女兒竟然可以令到這名病童破涕為笑，平復下來，真是令人佩服。

十 面對不能逃避的痛苦：與其咒詛掙扎，不如苦中作樂

頭痛是德德每天都需要面對的困擾，是她不能逃避的事實，同時也決定了她今天生活是快樂或無奈，是否可以如常地生活。面對這樣的頭痛，藥物的幫助已經不大了！但感謝神，慕德竟然可以自創分神止痛之法，她學曉了做一些有趣味的活動，例如摺紙、做數獨、拼圖、看笑話書、編織等等活動，以便減輕痛楚，結果卻意外地培養出她手工藝的才幹，而且更在暑期時成為手工藝班的導師，教授有關的心得，可說是無心插柳的傑作。

早期為了讓她能易於與我們溝通，我便自作聰明的替她以小痛、中痛、大痛及劇痛等分類，好讓我們能更清楚知道她的情況。那知當她說小痛的時候，原來是我所謂的中痛，到了她的中痛時，已經是很厲害了，原來「她的痛不是我們的痛」！是我們很難完全理解的，但她卻能在痛中作樂，很多時候我們還以為她在浪費時間，做了那麼多無聊的東西。

進出醫院成為她的平常事，醫院的病房已經成了她的第二個家。每次入院時她都會有安排，好像是回家一樣的習慣與生活，甚至有時她有不願意離開醫院的感覺。她因長期病患的緣故，所以申請得到政府所發的傷殘證，藉著這證件，每次出外過關時，她都樂意運用特權，利用協助傷殘者的通道過關，自得其樂。她的表現讓我體會到苦難的幽默與特質

——它好像是要限制你的生活，但同時也讓你發揮生命的特質，體會生命成長的潛能，感受神造生命的奧妙，讓我們能更尊重生命！

十一 苦難教曉我們接受神的恩典，同時也與人分享恩典

苦難的另一個特點，是讓你可以有特權接受別人的幫助或鼓勵，同時也懂得與人分享神的恩典，這在小女的生命中最具體不過了。在最早期住院的時候，我們常常取笑她的房間第一天是病房，第二天是小型禮物店，第三天是7-11便利店，第四天是百佳超級市場，因為有不少朋友及肢體，送來了很多禮物、食物、玩具等，令她開心不已(相信痛楚也會減輕不少的)。感謝神！她學曉了接受別人的禮物，也學懂了與人分享禮物；她所住的病房都是歡笑開心的，因為她樂意與人分享她所有的。她時常記得別人的生日，會為他們送上充滿心思的禮物(當然也很重視別人在她生日時所贈送的禮物)，她是一個心思慎密的女孩子，深知道白白領受恩典的滋味，也樂意給人送上這滋味！

苦難給她大約十年的痛楚與磨煉，同樣賜與她相等的恩典與福氣。神為我們預備了很多滿有愛心的醫生和護士、中醫師(醫藥費全免)和物理治療師、老師和同學、教會的肢體和朋友——她也成了很多人的朋友，是跨年齡界別的，她的朋友滿天下。

記得有一年的新年，她竟向父母派利是，並在當中寫下了一些句子：「有福同享，有錢共用」。今年我們特別在她十八歲生日那天，為她舉行了一個感恩會晚宴，與親人一起度

過。當晚她別有意思地用了自己的零用錢買了很多禮物送給家中各人，多謝我們多年來的鼓勵與陪伴，可見她的心思與智慧——學懂受恩，也會感恩。

十二 苦難迫使我們反省生命的意義、存在的價值

苦難時常詰難我們：生命存在的意義何在？甚麼才是生命中最貴重的東西？慕德的遭遇與生活，因著疾病的緣故，要不斷的適應與調校，我們對她的要求也不斷地調校。我時常反省她生命存在價值的問題，甚麼是對她最重要的？上學嗎？吃喝嗎？健康嗎？平安嗎？

她十二歲那年的聖誕節，因參加了另一小朋友癌症患者的安息禮拜，主動要求洗禮加入教會，說要與主更加親近，好讓死亡來臨時更能安然面對。對她來說，死亡是那麼具體真實的，那麼迫切實在的！

近這三年因身體時常不適，頭痛頻仍，導致學習受到影響，連續三年留級中二，現今大部分時間也沒有返學，令我們反省甚麼是重要、甚麼是多餘的。讀書已經不再是重要的了，那麼，她活著又是為了甚麼呢？因著頭痛與不適，她睡眠的時間很長，每天要睡十多小時，睡醒的時間又常看電視、上網聽歌、做十字繡、看笑話、讀喜歡的課外書等，她的前景如何？她的生活有何意義？她生存有價值和意義嗎？

從功利和現實的角度來看，她的存活，好像沒有甚麼好處。但當我細心體會，靜心觀察的時候，她的存在和生活帶給我們許多生命的反思：她生命中有許多素質是我們欠缺的，

她是一個有責任感、能堅持到底、不輕言放棄的人。今年暑假，她答應在教會舉辦的暑期班做義工，為期四週，由星期一至星期五，早上九時至下午五時。因這目標的驅使，她全力以赴，當中也有頭痛的日子。她曾說過：「若不是要當義工，我便入院了！」結果，她被嘉許為優秀的義工之一。似乎她正在回應著，她的生命要做一些有意義的事情，而非只是為了應付日常人們認為應做的事情。又有一次，她和母親趕著出席一個首映禮的聚會，但因為沒有清楚說明地址，以致的士司機駛到錯誤的地方，下了車子，才知道地點不對。當時天氣很熱，她背著書包，努力地在擠擁的街道上穿梭，不顧一切地趕赴現場。看到她汗流浹背的樣子，令人感到難過，但同時也從心底裏佩服她的毅力。如此看來，慕德是否背負很大壓力呢？非也！她很懂得享受人生，她會買自己愛吃的東西及喜歡的書籍，還有聽歌、看電視、玩電腦等，她的生活比許多人都過得寫意。今年她還得到一份很名貴的生日禮物，就是往迪士尼樂園參觀遊玩。慕德很細心，很曉得關心家人親友，並照顧她的菲傭姐姐，她同時亦很清楚自己的權利，愛惜自己，在其中取得平衡。

在慕德患病的年日裏，有很多熱心的肢體及朋友，不約而同地提供了很多民間偏方給我們。我們深切多謝這些肢體的好意，但當我們討論以後，我們認為最重要的，不是如何努力地試百藥，到處訪尋名醫及治世良方，為要讓慕德可以完全康復，好像這樣才是最能榮耀神的做法。反倒是我們以平常的態度面對，按照神所給與我們能力和信心的大小，在我們的限制中生活，操練我們對神的信心，珍惜我們日常的生活，才是生活的目的所在。我們會如常的覆診，有需要時會入院治療，健康時會出外遊玩，痛苦時會彼此流淚禱告仰望神。

十三 苦難的奧祕：活著就是恩典，也是見證

回顧這十年的時光，我們是如何熬過，我真的弄不清楚。反正是好是壞，日子也是一天一天的過去，每一天只靠著神的恩典，與苦難共存、共舞，視苦難為家人和朋友，而非敵人。讓苦難自由的運行與創作，讓生命親自闡述它的意義與真理。突然間，我發現這是最好的面對方法，破解生活中的苦澀，活出生命的奧祕。

無可否認，苦難病患成為慕德的標記、人生的烙印，也成為我們家庭的烙印，但同時也是我們得勝的徽號：透過苦難的操練，神恩的實在，使我們能共創不一樣的生命。

人的生命比一切都寶貴，沒有其他東西可以取代的，因人是神所創造。所以活著就是恩典，每一個人都是神所愛的，我沒有資格去判斷一個人的價值，我要學習的是尊重別人。當慕德能努力活下去，呼吸每一口空氣，能開心快樂地生活，這就是她的生活，她的使命！能與她一起生活、開心經歷、互相關心和支持、同哭同笑同受恩，不正是家庭生活的至高境界嗎？活著就是見證，就是恩典。讀書與否已經不重要，不對嗎？

最後不能不提的是神奇妙的安排。前些日子，教會一位姊妹知道德德患病，仍很堅強快樂地生活，結果將德德的情況推介給社署「分享快樂人生小貼士」籌委會，為她拍攝短片，說明感恩的重要，並在巴士上的路訊通播放。我們知悉放映日期為九月三十日，為期一個月，這是對慕德生命的肯定。

一個非常美好的配合，為德德十八歲生日（十月二日）送上奇妙的禮物，也為我們這十年來的掙扎和經歷，給予絕對的肯定。

苦難的臨到，是你我不能預知、或是逃避的；你我不能選擇不面對，但可以選擇用甚麼方式和心態面對！你若問我，若要重頭來過，我會如何面對呢？我可以如實地回應，我會用以上的方法和心態，如常的面對，不作他選！

跋

趙崇明

寫跋，必定是寫於閱讀之後。如果閱讀是一種跟文本對話和交流的經驗，則寫跋就是編者對這種已成過去的閱讀經驗所留下的痕迹，來一次整理和記錄。因此，編者寫跋時經常需要回憶起讀過的文章，重拾留在記憶中那些閱讀時湧現的情感和思緒，讓已逝的閱讀經驗透過當下的書寫經驗化為文字，成為另一個供將來的讀者閱讀的文本。如此地「思前想後」，閱讀－寫作－閱讀……便在回憶過去、當下體驗與向未來開放的時間之流中不斷前行、不斷更新變化。

閱讀如是，寫作如是，也許人生根本就如是，人世間生命世情在時光中的流轉變化，畢竟是千古不變的道理，正如古希臘哲學家赫拉克利特斯 (Heraclitus) 所言：「我們不能踏進同一條河兩次」。固然，在變幻難料的世情中，有些不如人意的事情突然地發生，不但難以預測，更加不可逆轉，令人傷感失望，痛苦之情油然而生，這些惱人的際遇，它們的名字就叫做「苦難」。

幸好我們不能踏進同一條河兩次，幸好歷史不會重演，幸好人生種種際遇始終會轉瞬即逝，否則我們如何承受一個更大的苦難——一個周而復始永遠循環的人生。既然世上沒有重複發生的苦難，苦難亦最終會轉瞬即逝，那麼我們是否乾脆把它忘記，以失憶症來治療苦難的創傷呢？

基督信仰卻不容許我們在歷史時間的流逝中遺忘苦難，在苦罪中生存的以色列人，上帝再三提醒他們不要忘記出埃及的歷史，不要忘記「普珥日」(參斯九20～28)，不要在苦難中忘記回憶過去。到了今日，苦難仍然沒有離開過我們，六四、九一一、南亞海嘯、沙士、禽流感、中國的煤礦災難、全球化不公平的自由貿易對貧窮人的壓迫、家庭倫常慘劇、疾病、苦戀……。但每次當信徒聚集在教會同領聖餐時，既是再一次追憶昔日基督在十架上受苦的經歷，同時亦在當下經驗與基督的生命結連 (參約六53～58)，從而生出超越苦難的盼望。對信徒來說，回憶過去跟當下體驗和將來盼望是一體共存的。

畢竟「存在」(being) 和時間 (time) 是息息相關的，人生最大的功課，莫過於學懂如何真正「存在」於時間當中。從生老病死、得失離合的悲喜經歷中，讓我們反省到具體的生命就在不能預測、變幻無常的時間中存活。在時間中存活的經驗不但讓我們領略到生命的那份節奏感，亦讓我們體悟到生命的渺小、限制和那種對自身生命無法預知、無法掌握的奧祕性。

閱讀如是，寫作如是，生活亦如是。當讀者活在此變幻莫測的人生中，對苦罪問題思前想後之時，但願這部文集內的九篇文章，能成為你們對話的夥伴。

趙崇明

二〇〇五年十二月十六日

寫於香港神學院

作者介紹

(按照文章次序排列)

張祥志
香港神學院聖經科專任講師

蔡定邦
香港神學院聖經科專任講師

邵樟平
香港神學院聖經科專任講師

蘇遠泰
香港神學院神學及歷史科專任講師

趙崇明
香港神學院神學及歷史科專任講師

張慧玲
香港神學院聖經科及實用神學科專任講師

褚永華
香港神學院院長、聖經科專任講師

翁靜淳
香港神學院實用神學科義務講師

歡迎報讀香港神學院各類課程

1. 道學碩士課程（Master of Divinity）

全時間三年課程，共修讀110學分。

2. 道學碩士（教牧進修）課程（Master of Divinity（Pastoral Studies））

部分時間課程，最多在七年之內完成，共修讀70學分。

3. 基督教研究碩士課程（Master of Christian Studies）

部分時間課程，修讀時間需要三至七年，共修讀51學分。

4. 神學學士課程（Bachelor of Theology）

全時間四年課程，共修讀139學分。

5. 神學文憑課程（Diploma in Theology）

全時間要修讀一年，部分時間要修讀二至五年，共修讀36學分。

6. 延伸證書課程

不限修讀年期，最少要修讀8科。

歡迎旁聽「當代教會課題研討」課程

香港神學院一方面秉承著服侍教會，為教會培訓信徒的宗旨，同時亦認為神學必須是一門可以回應教會和社會具體處境的學問。於是便從二〇〇四年九月開始，新開設一科名為「當代教會課題研討」的課程，此課程每年九月均會開辦，旨在幫助學員針對時下香港教會或社會所面對的重要議題作神學反省及回應，因此每次所討論的課題都會隨著教會及社會的需要而轉變。二〇〇四年上述課程所探討的課題是「香港的教會與政治」，二〇〇五年的課題則是「苦難神學」，至於二〇〇六年九月課程探討的課題將會是「安息日神學與香港社會」。歡迎各教會信徒報讀，欲索取此課程資料，請瀏覽本院網頁www.bshk.edu.hk或致電2194 3005向延伸部鄒小姐查詢。

緊扣時代 服事教會

以文字傳揚基督真道

讀者意見表

衷心多謝你購買本社書籍。本社一直致力以出版事工服事教會，幫助信徒扎根於神的話語，促進靈命增長。為使我們的出版更能滿足你的需要，請填寫下列各項資料，並寄回或傳真予本社。

所購書籍：________________________

本書最吸引你的地方：
☐作者 ☐適切性 ☐文筆 ☐設計 ☐實用性
☐其他：________________________

購買本書地點：
☐基道書樓 ☐基督教書店 ☐非基督教書店

性別：☐男 ☐女 職業：________________

信仰：☐基督徒 ☐非基督徒

年齡：☐ 16 歲或以下 ☐ 17～25 歲 ☐ 26～35 歲
☐ 36～55 歲 ☐ 56 歲或以上

學歷：☐中三或以下 ☐中五 ☐預科
☐大學 ☐研究院

☐我欲更多了解基道出版社的事工及考慮支持，請寄給我下列資料：
☐機構簡介 ☐新書資料 ☐基道會員通訊
☐《基道文字事工通訊》

姓名：________________ 電話：________________

地址：________________________________

____

傳真：________________ 電子郵件：________________

其他意見：________________________________

____

多謝賜教！

意見表可以傳真（2687-0281）或直接郵寄以下地址：
香港沙田火炭坳背灣街26號富騰工業中心1011室
基道出版社編輯部收